Worldwide

Will Shortz Presents
SIMPLY SNEAKY
SUDOKU

Also Available:

WILL SHORTZ PRESENTS
SIMPLY SNEAKY
SUDOKU

200 EASY PUZZLES

EDITED BY
WILL SHORTZ

PUZZLES BY
PZZL.COM

ST. MARTIN'S GRIFFIN
NEW YORK

www.stmartins.com

ISBN-13: 978-0-312-54161-3
ISBN-10: 0-312-54161-9

10 9 8 7 6 5 4 3

Introduction

Throughout the history of puzzles and games, many of the biggest successes have come as complete surprises, because they've broken all the "rules."

Parker Bros. famously turned down the rights to the game Monopoly in 1934, because it had "52 design errors." It was too complicated, they said, it had too many pieces, and it took too long to play. So the inventor, Charles B. Darrow, produced and sold 5,000 handmade copies of Monopoly, they quickly sold out, and—once Parker Bros. finally bought the rights—it became the biggest game hit of 1935.

Similarly, the "experts" initially pooh-poohed Scrabble, Trivial Pursuit, crossword puzzles, and many other game and puzzle successes over the years.

Hardly anyone thought sudoku would be popular when it was introduced in Britain in late 2004 and the U.S. in 2005. The public was not interested in number puzzles, according to conventional wisdom. Yet we all know what happened. In less than a year, sudoku became one of the most popular puzzles in history. Virtually every newspaper has made room for a daily sudoku, sudoku books have been bestsellers since their introduction, and sudoku tournaments have been held across the country and around the world. In 2005, *The Language Report* named "sudoku" the Word of the Year.

The craze goes on, and, to everyone's surprise, shows little sign of abating.

What's So Great About Sudoku?
The appeal of sudoku comes partly from the simplicity of the rules, which can be stated in a single sentence, and the compactness of the grid, just 9×9 squares—combined with some unexpectedly subtle logic. Even longtime enthusiasts may not understand all the techniques needed to work it. Sudoku packs a lot of punch for so small a feature.

Sudoku is a flexible puzzle. It can be easy, medium, or hard, which you can select according to your skills and mood. And the amount of time needed to solve one—generally between 10 and 30 minutes, for most people for most puzzles—is about perfect in order to feed a daily addiction. If sudoku took less time, it wouldn't pose enough challenge, and if it took more, you might lose interest or simply not be able to fit sudoku into your schedule.

Like crosswords, sudoku puzzles have blank squares that are inviting to fill in. It's said nature abhors a vacuum. We as human beings seem to have a natural compulsion to fill up empty spaces. A sudoku addict has difficulty turning a page that has empty puzzle squares begging to be completed.

Sudoku also provides an appealing rhythm of solving. Generally the first few numbers are easy to enter. Then, in the harder examples at least, you can get stymied and maybe a bit frustrated. Once you make the critical breakthrough (or breakthroughs), though, the final numbers can come quickly, giving you a rush and a heady sense of achievement—often tempting you to start another sudoku immediately. Hence the addictiveness of sudoku, which is the "crack cocaine" of puzzles.

New Challenges

On the following pages are 200 brand-spanking-new sudoku puzzles rated light and easy. Each one has been checked, rechecked, and then re-rechecked to ensure that it has a unique solution, and that it can be solved using step-by-step logic. You never have to guess here.

As usual, all the puzzles in this book were created by my colleague Peter Ritmeester and the staff of PZZL.com.

Try them. And as one correspondent wrote me recently, you, too, will go "sudoku kuku."

—Will Shortz

How to Solve Sudoku

A sudoku puzzle consists of a 9 × 9–square grid subdivided into nine 3 × 3 boxes. Some of the squares contain numbers. The object is to fill in the remaining squares so that every row, every column, and every 3 × 3 box contains each of the numbers from 1 to 9 exactly once.

Solving a sudoku puzzle involves pure logic. No guesswork is needed—or even desirable. Getting started involves mastering just a few simple techniques.

Take the example on this page (in which we've labeled the nine 3 × 3 boxes A to I as shown). Note that the boxes H and I already have 8's filled in, but box G does not. Can you determine where the 8 goes here?

5	8	6					1	2
			5	2	8	6		
2	4		8	1				3
			5		3		9	
			8	1	2	4		
4		5	6			7	3	8
	5		2	3			8	1
7				8				
3	6			5				

A	B	C
D	E	F
G	H	I

The 8 can't appear in the top row of squares in box G, because an 8 already appears in the top row of I—and no number can be repeated in a row. Similarly, it can't appear in the middle row of G, because an 8 already appears in the middle row of H. So, by process of elimination, an 8 must appear in the bottom row of G. Since only one square in this row is empty—next to the 3 and 6—you have your first answer. Fill in an 8 to the right of the 6.

Next, look in the three left-hand boxes of the grid, A, D, and G. An 8 appears in both A and G (the latter being the one you just entered). In box A, the 8 appears in the middle column, while in G the 8 appears on the right. By elimination, in box D, an 8 must go in the leftmost column. But which square? The column here has two squares open.

The answer is forced by box E. Here an 8 appears in the middle row. This means an 8 cannot appear in the middle row of D. Therefore, it must appear in the top row of the leftmost column of D. You have your second answer.

In solving a sudoku, build on the answers you've filled in as far as possible—left, right, up, and down—before moving on.

For a different kind of logic, consider the sixth row of numbers—4, ?, 5, 6, ?, ?, 7, 3, 8. The missing numbers must be 1, 2, and 9, in some order. The sixth square can't be a 1, because box E already has a 1. And it can't be a 2, because a 2 already appears in the sixth column in box B. So the sixth square in the sixth row has to be a 9. Fill this in.

Now you're left with just 1 and 2 for the empty squares of this row. The fifth square can't be a 1, because box E already has a 1. So the fifth square must be a 2. The second square, by elimination, has a 1. Voilà! Your first complete row is filled in.

Box E now has only two empty squares, so this is a good spot to consider next. Only the 4 and 7 remain to be filled in. The leftmost square of the middle row can't be a 4, because a 4 already appears in this row in box F. So it must be 7. The remaining square must be 4. Your first complete box is done.

One more tip, and then you're on your own.

Consider 3's in the boxes A, B, and C. Only one 3 is filled in—in the ninth row, in box C. In box A you don't have enough information to fill in a 3 yet. However, you know the 3 can't appear in A's bottom row, because 3 appears in the bottom row of C. And it can't appear in the top row, because that row is already done. Therefore, it must appear in the middle row. Which square you don't know yet. But now, by elimination, you do know that in box B a 3 must appear in the top row. Specifically, it must appear in the fourth column, because 3's already appear in the fifth and sixth columns of E and H. Fill this in.

Following logic, using these and other techniques left for you to discover, you can work your way around the grid, filling in the rest of the missing numbers. The complete solution is shown below.

5	8	6	3	7	4	9	1	2
1	3	7	9	5	2	8	6	4
2	4	9	8	1	6	5	7	3
8	7	2	5	4	3	1	9	6
6	9	3	7	8	1	2	4	5
4	1	5	6	2	9	7	3	8
9	5	4	2	3	7	6	8	1
7	2	1	4	6	8	3	5	9
3	6	8	1	9	5	4	2	7

Remember, don't guess. Be careful not to repeat a number where you shouldn't, because a wrong answer may force you to start over. And don't give up. Soon you'll be a sudoku master!

SEARCHING FOR MORE SUDOKU?

PICK UP ONE OF WILL SHORTZ'S BESTSELLING BOOKS

8	5	3	4	1	9	2	7	6
6	1	2	5	7	3	4	9	8
4	7	9	2	6	8	5	3	1
9	2	4	1	3	6	7	8	5
3	8	1	9	5	7	6	4	2
5	6	7	8	2	4	9	1	3
7	4	5	6	8	1	3	2	9
2	3	8	7	9	5	1	6	4
1	9	6	3	4	2	8	5	7

2 Light and Easy

1	3	5	7	8	4	2	6	9
8	6	9	2	5	3	1	4	7
4	2	7	9	1	6	5	8	3
6	7	4	5	3	8	9	1	2
5	9	2	1	4	7	8	3	6
3	1	8	6	9	2	4	7	5
2	5	6	4	7	1	3	9	8
9	8	1	3	6	5	7	2	4
7	4	3	8	2	9	6	5	1

3	6	2	9	7	4	8	1	5
8	1	9	3	2	5	7	4	6
7	5	4	6	8	1	3	9	2
1	9	5	2	4	8	6	7	3
6	7	3	5	1	9	2	8	4
4	2	8	7	3	6	9	5	1
2	8	6	4	5	7	1	3	9
5	3	1	8	9	2	4	6	7
9	4	7	1	6	3	5	2	8

4	7	6	2	1	8	3	5	9
8	2	3	5	6	9	4	7	1
9	1	5	4	3	7	6	2	8
2	9	7	1	8	3	5	4	6
6	4	8	7	5	2	1	9	3
3	5	1	9	4	6	7	8	2
5	3	9	6	2	4	8	1	7
7	6	4	8	9	1	2	3	5
1	8	2	3	7	5	9	6	4

2	3	1	9	7	6	4	5	8
5	4	6	2	8	1	3	9	7
8	7	9	5	3	4	6	2	1
4	5	3	1	2	7	9	8	6
6	9	2	3	5	8	7	1	4
7	1	8	6	4	9	2	3	5
3	2	7	8	6	5	1	4	9
1	8	4	7	9	3	5	6	2
9	6	5	4	1	2	8	7	3

3	2	7	4	9	1	6	5	8
6	9	8	3	2	5	7	4	1
1	5	4	6	7	8	9	2	3
5	7	3	8	4	9	2	1	6
9	1	6	7	5	2	8	3	4
8	4	2	1	6	3	5	9	7
4	8	5	2	3	7	1	6	9
7	3	9	5	1	6	4	8	2
2	6	1	9	8	4	3	7	5

4	7	3	5	6	1	2	9	8
2	5	9	4	8	7	6	3	1
8	1	6	2	3	9	4	5	7
5	4	7	3	9	6	1	8	2
6	3	1	8	5	2	9	7	4
9	2	8	1	7	4	5	6	3
3	9	2	6	1	8	7	4	5
7	8	4	9	2	5	3	1	6
1	6	5	7	4	3	8	2	9

4	1	5	2	7	8	3	6	9
9	8	7	3	6	4	5	1	2
6	3	2	5	1	9	7	8	4
8	5	6	1	9	2	4	7	3
7	9	3	8	4	6	1	2	5
2	4	1	7	5	3	8	9	6
1	7	9	4	2	5	6	3	8
3	6	4	9	8	1	2	5	7
5	2	8	6	3	7	9	4	1

5	1	2	8	3	6	7	9	4
6	8	9	4	2	7	3	1	5
7	4	3	5	1	9	2	6	8
8	3	7	6	4	2	9	5	1
4	2	6	1	9	5	8	7	3
1	9	5	3	7	8	4	2	6
3	7	4	2	6	1	5	8	9
2	6	8	9	5	4	1	3	7
9	5	1	7	8	3	6	4	2

3	7	5	8	4	6	2	1	9
6	8	2	9	1	7	5	4	3
9	4	1	3	5	2	8	6	7
2	3	8	7	6	1	4	9	5
4	9	7	5	3	8	1	2	6
1	5	6	2	9	4	3	7	8
8	6	9	1	2	3	7	5	4
5	1	3	4	7	9	6	8	2
7	2	4	6	8	5	9	3	1

9	7	4	5	1	2	6	3	8
3	8	6	4	7	9	1	5	2
5	1	2	8	6	3	4	7	9
8	9	7	2	5	4	3	1	6
1	4	3	9	8	6	5	2	7
2	6	5	7	3	1	9	8	4
7	3	8	6	9	5	2	4	1
6	2	1	3	4	7	8	9	5
4	5	9	1	2	8	7	6	3

5	2	4	6	3	1	7	9	8
1	7	8	9	5	4	6	3	2
3	6	9	7	8	2	4	5	1
9	5	6	2	4	8	3	1	7
7	8	1	5	6	3	9	2	4
2	4	3	1	7	9	8	6	5
6	1	2	8	9	7	5	4	3
4	9	7	3	2	5	1	8	6
8	3	5	4	1	6	2	7	9

2	9	7	1	6	5	3	4	8
6	1	3	8	7	4	5	9	2
8	5	4	3	2	9	7	1	6
1	4	6	5	8	7	2	3	9
5	7	2	4	9	3	6	8	1
9	3	8	6	1	2	4	5	7
7	2	5	9	3	8	1	6	4
4	6	9	2	5	1	8	7	3
3	8	1	7	4	6	9	2	5

lonoi tion daa
noi   ish

4	6	7	5	9	2	3	1	8
8	2	5	7	1	3	6	4	9
1	3	9	8	6	4	5	2	7
9	8	3	2	5	6	4	7	1
7	5	4	9	3	1	2	8	6
2	1	6	4	8	7	9	3	5
3	7	8	6	2	9	1	5	4
6	4	1	3	7	5	8	9	2
5	9	2	1	4	8	7	6	3

1	4	9	6	8	3	5	7	2
2	8	3	1	5	7	6	4	9
6	7	5	4	9	2	3	8	1
9	6	2	5	1	8	4	3	7
4	1	8	7	3	9	2	5	6
5	3	7	2	4	6	1	9	8
3	2	4	9	7	1	8	6	5
8	9	6	3	2	5	7	1	4
7	5	1	8	6	4	9	2	3

4	8	2	9	6	1	3	7	5
1	9	7	8	3	5	6	2	4
3	6	5	7	4	2	8	9	1
2	5	6	3	8	9	4	1	7
9	7	3	1	2	4	5	6	8
8	1	4	6	5	7	2	3	9
6	3	1	5	9	8	7	4	2
5	4	9	2	7	6	1	8	3
7	2	8	4	1	3	9	5	6

6	2	8	4	7	3	1	9	5
5	3	7	1	8	9	6	2	4
9	1	4	5	2	6	8	3	7
7	8	5	3	6	2	4	1	9
3	4	6	9	1	7	2	5	8
2	9	1	8	5	4	3	7	6
8	6	2	7	3	5	9	4	1
1	7	9	2	4	8	5	6	3
4	5	3	6	9	1	7	8	2

6	3	2	9	7	4	8	1	5
1	8	7	3	5	2	9	6	4
5	4	9	8	1	6	3	2	7
4	7	3	2	9	8	6	5	1
9	2	1	5	6	3	4	7	8
8	6	5	7	4	1	2	9	3
7	1	8	4	2	9	5	3	6
3	9	6	1	8	5	7	4	2
2	5	4	6	3	7	1	8	9

8	6	2	7	9	1	4	3	5
7	4	9	6	5	3	8	2	1
3	1	5	2	8	4	7	6	9
2	3	4	8	1	5	6	9	7
1	7	6	9	3	2	5	8	4
9	5	8	4	7	6	2	1	3
5	8	7	1	2	9	3	4	6
6	2	1	3	4	7	9	5	8
4	9	3	5	6	8	1	7	2

5	8	2	3	6	4	9	7	1
3	1	4	8	9	7	2	5	6
7	9	6	1	5	2	8	3	4
9	4	8	5	1	6	3	2	7
1	6	7	2	3	9	4	8	5
2	3	5	4	7	8	6	1	9
6	2	9	7	8	5	1	4	3
4	7	1	6	2	3	5	9	8
8	5	3	9	4	1	7	6	2

3	4	8	7	5	2	1	6	9
2	7	6	1	9	8	5	3	4
9	5	1	6	3	4	2	7	8
4	8	3	2	7	9	6	5	1
5	6	2	3	8	1	9	4	7
1	9	7	5	4	6	3	8	2
6	3	9	4	2	7	8	1	5
7	2	5	8	1	3	4	9	6
8	1	4	9	6	5	7	2	3

6	7	1	2	3	8	9	5	4
2	5	4	6	9	1	7	3	8
9	8	3	7	4	5	1	2	6
8	1	9	3	5	7	6	4	2
3	6	7	4	2	9	5	8	1
4	2	5	8	1	6	3	9	7
7	3	6	9	8	2	4	1	5
5	9	8	1	6	4	2	7	3
1	4	2	5	7	3	8	6	9

3	5	8	1	4	9	2	7	6
4	1	6	2	5	7	9	3	8
7	2	9	6	3	8	5	1	4
8	9	7	5	1	2	6	4	3
2	3	5	4	8	6	7	9	1
6	4	1	7	9	3	8	2	5
1	7	2	8	6	4	3	5	9
9	6	4	3	2	5	1	8	7
5	8	3	9	7	1	4	6	2

1	8	5	9	6	4	2	3	7
2	6	9	7	3	1	5	8	4
3	4	7	5	2	8	1	6	9
5	1	2	8	9	3	4	7	6
7	9	6	2	4	5	3	1	8
4	3	8	6	1	7	9	5	2
8	7	1	4	5	2	6	9	3
6	5	4	3	8	9	7	2	1
9	2	3	1	7	6	8	4	5

6	5	8	1	7	2	4	3	9
4	9	7	3	8	5	6	2	1
1	2	3	6	4	9	8	7	5
2	3	1	5	9	6	7	4	8
8	4	9	2	3	7	5	1	6
5	7	6	4	1	8	2	9	3
9	8	4	7	5	1	3	6	2
3	6	5	9	2	4	1	8	7
7	1	2	8	6	3	9	5	4

4 8 9	1	3	7	2	8 9	4	6	2 9 5
6	7	9	5	3	12 4	1 3	8	2 9
4 8 9	4 5	2	1 4	6	9 8	1 3	7	5 9
5	8	6	4	7	2 4 8	9	3	1
3	9	4	8	1	6	2	5	7
1	2	7	3	9	5	6	4	8
9	3	5	2	4	7	8	1	6
7	6	1	9	8	3	5	2	4
2	4	8	6	5	1	7	9	3

9	2	7	6	4	3	1	5	8
4	8	5	2	1	9	3	7	6
1	3	6	7	8	5	2	4	9
2	6	1	9	5	4	8	3	7
5	9	3	1	7	8	6	2	4
7	4	8	3	2	6	9	1	5
3	5	2	8	6	7	4	9	1
6	1	4	5	9	2	7	8	3
8	7	9	4	3	1	5	6	2

				8			1	
				7	6			
			4		3	5		
		6		4			2	7
4				1				6
	9		2	6	5		3	
				3		2		
		8				7	6	
5		9				3		1

			6	7	3		2	
2			5					3
	3		8				4	
7						5		
5		2		4	6		7	1
			2	5			3	
			1			4		
3			7				8	
	9		4		8			

	1	5					9	
		3	5			1		4
					6		3	
			6		7		4	
			9					8
		2			1			5
	5	1	3			4	2	
	9	4					5	7

	8	9		7		1		
		1				6	7	
5				8				
	9	7			5	4		3
				3	8			5
	5			2		9		1
6						3	4	
			1					
		8						

	1							
	5		6	1		7	9	
4			7					
	8		2					
2			3	7			5	
1					6		8	4
		4				3		
7				3	5			
	6		9		2			

7	1		9			8		
9					5			1
8	6							2
			2			1		9
2	9	1	4	6				8
		4			3			
		6	5	3				4
				2				
	5							

4		7						
							3	
	2	3						5
			3		9			8
6					5			4
				4	8		2	7
			9		7	5	8	
	8		2			4	9	
5		9		3				

			5					7
					1	6		
3	2			4	8			1
2	9						1	5
	7	1			3			4
	8		2		9	3		
			4	6				
1	3				7			

7				9	8	6		
4		2	1		7			8
9	3				2			
		6	2	4			7	9
2			7				4	5
1	7	4	9	8			2	
6		7	8		9	4	5	
				7	6			
		5		1				7

	3			2		4		6
1		2	8		6	3	9	7
7			4		9	2		
	6			9			7	
			1				2	
4			2		3	9	5	
	5			1	2		3	
		3	9		7			1
		7	3	4	5	8		

		7	3	8				
	6				2	5		
2	4		7		5	8		3
9	8						5	
4	5	1	2			9	8	
	7			5	8	4		
8	3	5	1	6			2	
1	2		5	7		6	3	
		6						

6				1	9			
4	5			8				1
	8	1		7		6	3	
				3		7	5	
	6		2	4				3
		2			5	4	1	
2	1				8	3	7	
	7	8			4			9
	4	9		2	3	1		8

		2	8	7	9		4	5
		7			4	9		
			2	6		8	7	
7	5						1	
9				5				7
3	8	6	7				5	
	6					1		2
	7	8	6			5	9	
	4	9	1	8	5			

	9				5	6		
	7			8		3		2
	5	3		6		8	9	
5	1	2	4				3	6
7			5				8	
9					1		2	5
1		7		5	9			3
3	2		6	4		5		
8	4							7

2								1
	6	4	8					
						7	5	6
3		1			4	8		5
						9		
5		2		9	8	1	6	
	2	3			6	5		
				8			7	
		9	2	4	1			

6							5	7
	3				6	8	4	
			7	8	9			3
8	4	3	5			9	6	2
	5	6	8	9				
7			6	3	2	4		
	6					7		
5					8	1		
3				6			9	8

3		1		7				8
						1	4	
4	5			3				9
		5			9			6
	1				3			4
			5				2	1
	2	6			4			
				8	6	9		
5			9				6	

						3		8
2			1	8				
	7							
					9			
			5		3	1	9	
5					8			4
	4		7			5		9
		9	6			8		1
	5	1				7		

6			4	5				
	9	2		8	6			
	4					1	8	
	8			7			3	
5			3					
			9					8
		1	5	6	7	8	4	
			1	9		7	2	
		9						

					1	7	3	6
3	1	7	8	2		4		
9	6						1	
		1	6	8		3	9	4
	9		2	1	4	5		
4		6	9		7			8
2						6	4	5
		9	5					3
6						9		

	6	7		4			9	
2	8		9	6				
1	3		2	7				9
				5	6	3	4	
4	5		8	9		6		
		3	4	8		9	2	7
5	2					4	8	
		4	6	2		5		

5				8	4	3	1	
		9		3			5	
8	1				5	6	7	4
	8		5				6	7
2	3		8	6	7			
	6	7			9			
					1		8	
			4	5		7	2	6
4			6	7			9	3

4		3	6	1	5			8
8	9					3		
7	6							
		4	9				7	
	5						2	9
3				6	8		4	
9				4				7
	3						8	4
	4		8	3	7	9	1	

3						9		
7		1	4		2			6
4	9							5
								2
	2	4		3				
	6			1	8			
			5	8			7	1
		5	9		7	6		
				2		8		

		1						5
		8	7		6	1	2	3
					8	7		
2		9	3		1	8		6
5	1		2		4			9
						5	1	
6				2				
4			8					
1				6		2	3	8

5			1		2			
		4	3	6	7	5	1	
			5		4	2		
						8		9
8			9	2	5	1	3	
	1	9			3			5
7	6	2			8	9		
		8		5			6	
	5			1				

5	8	7		4	2	9	6	
	2			6	1	7		
6								
	6		2		9		3	
			8				1	9
7		4	6			2	8	
	7	9	1		6		5	
8				3			9	
				8	5	3		6

5	4	6		2				
3				6	1	4	8	7
				9				
8		5	6	4			1	2
	1	3	8	5	9			
4		7		1		8	5	9
1	7	4				9		
	3			7			4	1
9						7		8

5								9
3	4							1
	6	8		9	2		5	
			3	7		6	8	
6		7			5	1	4	
2		3	6		1	7		
8	2			3			1	7
	3	5		1		4	2	
		4	5		8		3	6

		1			4	2		
		4		5	3	1	8	
		2	9	8			4	3
	7		3		9			
	1			4	8		7	
2	4	8						
5		3		7		8		4
		6		3		7		
1	8	7		9	6			

2						8		
5			1					
	6		3		2	5		1
7	4	5	2	3	1			
			4	9		2	3	
					5	1		4
6								
			5		3	4	1	
	1		6	8	4			7

2		4	7	8		6		9
	7	3	9			5		8
					4			
	2			1				5
1		8		6		2		3
3	9	6	5		2			
7	6		3	5			2	1
5	3	1	2		7	8		6
8						3	5	

			1			2	3	
	5			9			4	
6	4					9	1	5
				5	9	4		3
5			7		3	1	6	
		9	4					
1			9		4		2	
2	8				6	5		
	9	3				6		

				3	8	7	6	
				6		3		2
6		5		7	4		1	
	6		4	8		9		5
5			3					
	1	9	7			2	8	3
		1					2	7
	2	6	9					
	5	4			7		9	6

		8		4			7	
					7		6	8
6	7		5				1	
			3	2		1		6
4	8	6				7		
2	1	3		6		9		4
3		2	8	9	1	5	4	
		1						
		7	2			8	3	

			3			4	6	7
4		3		5		8		1
				8			5	3
		5	2		1			
	8		5				7	
						3	9	5
1	5	9	4		3			6
8	3			2		7	1	
		2	9			5		

2		8		1	5			4
4			2					
	7		6		4	3	5	
		6	7			2		
		2		9				
3			5	2	8		4	
7		5	1	4			6	
6	8						2	7
1			8			4		5

				8				7
7	2							8
4	8	6	7	9	5			
	3	8			9	1	6	
			3	5		7		
9	7			6	1		3	2
6			5		8	4	7	
	1	7	6		3	8	9	
		5						

	5		4		2			
8	1		5	6				2
		6			8		9	7
		8		7		2		
4		7		5			6	9
			2		6	1		8
						7		
5		1	7	2	9		4	
	7	4	1	8		9	2	

	3						6	
	8		3	4				7
	2	9	8					
2			6			7		3
		6	4				9	
							2	5
			2		1			6
		1		7		4	8	
8	9							

1	3		9		4	7		
	8		7	3			1	
2		4			6			
9			5				2	4
							7	
	1		4					3
			8	9	5	3		
8	4					6		
		7						8

4	9	6		5		7		8
	3		4					9
		1	6			5	4	
			7			4		6
8					4			
9	4	5		6		8		7
3	7	4	5			9		
						3		4
	8	9	3		2	1		

		9	7	5				8
						1		
	1		6	2	4	5	9	
9							1	3
	2				3			
4					5		2	9
	8		9	1			4	
6		2				3		1
		1		3	8	9		6

4	2			3	7			1
7	1		2		5			
9								6
6	3		8				9	
8						1		
2	7			4	9	3	5	
						8		5
3		2		5	4		1	9
	6	4			8		7	3

2	4			7			9	8
	5		6				3	
	3			8				
6					8	3	4	2
		5		4		9	6	
	2	4					8	5
5			9	1				
4	7	3		6	2	5		9
			7	3	5	4		

4		7			5			
6	1	3				7	5	
				3			8	4
5	3				9			
				6			3	
8		2						
		9			1			
7				5			1	2
		6			2	4	9	3

		2				8	1	
		9						
3	4			8		5		
6		1	2			4		
				7	3		5	
							9	6
	7	3		6			2	
	9		3		4			

4	8		5			6		
5					6	9		
					4			3
8								7
	5	1			9	4	8	
7						5	3	
		9	8				7	
				3				
2	6			4				

	7				2	1		6
				8			9	
2				4		7	5	
8		7	4					9
	4		6					2
3	2	5				4		
			5					1
	3	1	7					
				6		3		

			9					
8					3	2		
2	4		7	6	5		8	3
	5				9	4		
	3		5		2			
9		1					3	
	8		2	3				5
3				5		6		1
7								

Light and Easy

3	5		8				4	6
	9	1	7			2		8
	2	4		6	5			
		3			8		2	
			5		9		1	
2	1	9		3			6	5
		5			4			1
4			9	7		5		
		2		5			9	7

3	8			6				
1			7					9
			1			6	2	
							4	
	6					8		
	9	4				7	5	2
	4	7						
		5		6				
6			9		4			3

	5		4			8	2	
6	8						9	3
3		4					6	
	3		9					1
	7			8				
		5		4			3	
			3	1	2		5	
1						2		
5	4							

8					2			
	7		9				1	
		5		3				7
3					5	4		
	5	1	6			7		8
		9	8					
2						6		
	6	4		2		3		

Light and Easy

	7		4			6	8	
	4	2	3	6		1		7
8	6	1		5				
	8	7	2		6	3		9
3		5		9				
							1	
	3					8		
4								2
			1		3	9	7	

	1	6				3		7
		8		4				1
	7		5					
				7		5		
8	9							4
	2		8	1				
			3		9			
					7	6		
	8	5			6	7		9

Light and Easy

6		8	4					2
			2		9		5	
5		9			6	4	1	
3						9		1
			7	2				
	6	2	9	4	1			7
1		7				2		8
				2				
	5	6						

	6	1		8	4		3	5
8	4			9			7	
		9			6		1	
				1				3
3						7		4
	2				3		8	
		7						
4					1			6
6	8					1	5	

		6				9	3	4
		1			4			7
	9				3	1	2	
	3			2	5	4	6	8
	1	8			7			
5		2		6	8			
2	6	3		4			7	
1	8				6	2		3
	7	5		3			1	

			2				1	
			7	4		8		
					1			
	8							
2	5		4		9	6		
9	4	6	8		2			5
	9		1		6			7
1						3		
8	6		9	7			4	

	3			9		2		
		4			7			
1	7		6			8		
	8			4		1		
		1		6		9	7	
7	2		9		5	3		
			1					
3		7	4			6	2	
5	6	9			8		1	

	7	1	8	9	2			
2			6	1				
	9	8		3	5		1	7
1	5				6	7	9	
4	6			8			2	3
		9	7					4
		5	2		8			9
							6	2
			9			8	3	

6	3	8		4	9			
7				8	1	6	5	
				6	2			8
5	1		6					4
	6		1	5				
3	8	7	9					
		5		9	7	3	1	6
4						9		5
	9	6				2		

			8	4	9			
		2		6	5		3	
5		8	2	1				3
2		3						4
6	1					8	2	
4	2	5				7		9
		7			2		6	
		6	4	5	7		1	

			8	1			7	3
7	6	3		4	2		1	
					7			
		5		9		2		7
	9	6		3		4		
	8	7				1	6	
		1	2			8	9	
8		9			4	3	5	6
				8	6			1

			4		6	7		
7		2	5	9	8	1	6	
	1	5				4	9	8
1	3		8		9	6	5	
			3		1			
		8	6	4	5		3	
	9			8			1	
	2							6
		7		6		8		

3				6		4		7
5	1	8		7		3	2	
6							1	
4		5			7		3	
2		3	1					4
9	7	1	2	4			6	5
	9		7	2		5	4	
								2
	3				4	6	8	

1		7				9		
	8		2		1	3	4	5
2		3	4					
			6	1			5	
		4	8			1	9	
7	1	2			9			4
				5	2	7		6
	7	1		4	3			8
	2	5			8			9

2			5				7	9
	5	1	4	3			6	
4				6			1	3
		8			6			
	3	4	8		5			
	7	9	3		4	6		5
	1	2		5		3		
7							2	6
		6		7	8			1

6	1	8	5	2	9	3	4	7
2	5	4	7	3	1	9	8	6
3	7	9	8	4	6	5	2	1
5	3	1	2	6	4	8	7	9
9	2	7	3	1	8	6	5	4
8	4	6	9	7	5	1	3	2
4	9	3	6	5	7	2	1	8
7	8	2	1	9	3	4	6	5
1	6	5	4	8	2	7	9	3

Light and Easy

9		1	8		5	7	4	
7	8				1			6
		3		9			8	5
				7	4		5	
6			5	1			3	9
	5	8				4	7	1
1				5	9			
		2	7		6			4
8	4		1		2			7

1			5	2	9	7		
				3		1	2	
3		9			4			6
8			4					
9						5	8	
5	3	2		1			7	
		1	2			3	9	
		5	3	9				8
	9	3		8	5	4	1	7

8			2	5	6	4		
6		1			8			
9	2							6
	9			1	4			
			7				3	
1		7		6	9		4	
			5					
2	4	5		7		6		3
3	1	8				9	7	

	4		2			7	6	3
	6			4	3			2
2	9	3		1				
9		4	8	7		2		6
7		6	1		2	4		
	2	8	9		4		5	
	1			9			3	5
3		5			1			4
					8			

	9		4				6	3
3			5		6			8
				3	8	5	9	
			7			6		9
		9		5	1		3	7
6		3				8		5
1					2			
	3	4				9		
	8		3			7	5	6

7	6	8	4					9
	5	2	6		8			
		9		7	5	8	6	2
	7			4	2			1
		4	9	3				5
		1		6		9		
6		3	7	5				
8				1			4	3
	1				9		5	

9	5							
								3
	2	8		7	6			
	6			9	5		3	7
5		3			4	9	8	
					1			
		7			8			
			9	4	3		7	
4		2	6			8		5

						8	3	6
5		7	8	6	1			9
			4			5	1	
8							7	3
			9				8	
		1	3					2
			5			3	6	
6			1		9			8
2	5	4	6				9	

				6	5		4	
		1						
			4	8				5
7			1	9				
3	9		7		6	2	1	
			8					
	1		5			8		
9	4	8		2				
	2			1		9	7	

				3	7			8
	7	5			9			
2		9	5		4	1		
4		7					2	
5	1		7				9	
9	6					7		5
6			8	7	3	5	1	
			4			6	8	
8	5	3	6	1	2	4		

				4	2	6		
9		7		1				
		1	8			3		9
7			3		6			1
		6	7			8	2	
				9				
				8				2
		5	2			9		
2					4	5	7	

	7							
	2	5		9				
				5			1	
4				8			9	
1					3	8	5	
	3	2						6
5							6	
		6	9	4		1		
				3		7		

6	7	2				5		3
		9	6		5			
				3				6
5	1		2		9		3	4
		6			7			
	9	3		8		6		5
3					8		5	
	4	5	1		3	7		
7	2		5			3	9	

						1		
5	4		2	3				
		1		5	4			
				9				
	8				6	2		7
6			7	2			9	4
9		4					6	
					8		7	
		8	3	4	9		2	1

7			1		5		9	8
	6			9		2	5	4
2					4		7	
8		9		4		5		
4			5	3				
			9	1				7
	1							2
	2	7		8	9			
9			2	5		7	6	

		2		6	4		8	5
3		8					7	
							6	9
	9	7			2	1	5	
8		3	5		1	6		
			4	9				
			1			5		
6		1				9		4

1	7	8		4	5		9	
	3	6	9		8	1		
	5	2	6			4	3	8
			8				1	4
8				9	1	5		
	6	1			4			9
			1		6	2		3
	1							
		7		3	9			1

						4		
1	7	2	6	5			3	
							2	5
7								
		9	4	6	7			2
	1	8						
8	2		1		3			4
		6	7					
	5							8

3			1					
	9			5	2	3		
	6	2	9					
5				9		1		6
	7		5			2		
	1			7	3			
		6	3		4	8		
9			7	8				
						4		1

	8					1	4	
6	1		3	2				
7	9				8		6	3
	5		6				1	
				8	7	5	9	6
			5			3	7	
						4		
2					9			
		3		4		7		

	5		4	2	1		7	
		4	8		3	9		5
				5	9			1
7		8		6	4	5		3
4	1						8	9
			9	8	2			
	7		3			8		
	6			9	8			
8							3	

							8	
		7	4	1	9	6		
6					5	2		4
							1	
7		5	9					
	9		1	6				
	8	4		7			6	
5			6					3
			5	2				

5			9	4	3	6		
4	6	3	2		1			
7		2		8			4	
2	7		3					
	3		8		7			
		6				7		8
			7	3		5	8	4
		4		5		3		9
	5	7					6	

						1		
7	5			6		2		
			7			5		
2					4			7
6					3			
	4			7				
			2			3		
4	8		9	5				1
9			6		8			

122 Light and Easy

2	3		9	5	1			7
6						4		
	8							
		2	6				9	
	9		5					3
	5			9	2		6	8
	6		1	3		8		5
			2					
9						3		4

			7					
			5	2				
		1		3	4	5		
3	9	8		5	6			
2		7	8		3		5	
								6
1	7	9					2	
		5			2	6		9
		3		9		8		

			6		7	9		1
2	6		9				8	4
1	9		4	8		2	6	5
9	8							
	4	1	2	3		5		6
		6		9				
	2	4				6	5	
3	7	9					1	
	1			4	9	3	7	2

1		9				6		
			6			8		7
					1			5
		2	4			3		
9			1	2				
5		8	9			2		
	2			7	5		8	
7	8	1		6				4

4				6	5		1	2
	1		9	3			7	
2	3				4			
			8	2				
	9					8		6
5			3				2	
8			2			7		
9				4			8	
		6		1				

			1		9	2	5	
1					3			
	4	5					6	3
					5		9	
		6		8	7			
	7							2
	6	3			8	4		
	2			5	4	6	7	
		4	2					

	7	6			8	1	4	2
	8	2		1	4	5		
7		8		6		4		
6	5							
3	2			7			8	
	9			5			1	6
8			1	9		3	5	
				8		9		

8			9					2
6							3	9
		4	6		7		5	
5		6		1		2	4	
		8			4			
4	9				3			
			3		1	7	6	5
							1	3

	2	7		1			6	
		9	7		8			1
			9	6			7	
2			5				8	
5	1	6	8			7	9	2
7		4	6		9	3		
9	7		4				3	8
4		8		9			5	6
	5	1						

6		1			5	7		9
	5		6					
8								
5	3	8					2	
		7			3		9	
	4	9	7		8		5	6
			9	3		5		
9	7	5	8		4	6	1	
3					7			

3		1	4				7	
4		7			3	6	5	
8		5	1	7			2	
1					8	2		
9				4	2	5		
		2	9	1		8	3	
2	1			9	4	3	6	
			3	6			8	
			2	8		7		9

5			3	4	6	9		1
				1		5	7	
		1	5				6	
								7
				7	8	3	5
	1			9				6
	2	5					8	
	9	4						
1		8		9	3			

						8		
1	7					2	3	
5	2	3		1			9	6
8		6	5					1
2		7	9	3		5	6	
	3	5	6	8		7	2	
7								3
	6	4						2
	5	1		9	2	6	7	

			3			2		1
2							4	
9	3		4					8
					3			
	6	9	5			1		3
5	8			6			2	7
	7	8				9	1	4
	4		7		8	5		

8	7	4	9	5	1	3	2	6
2	6	1	3	8	7	5	9	4
3	5	9	6	4	2	8	1	7
6	9	2	7	3	5	1	4	8
1	4	3	8	2	6	7	5	9
5	8	7	1	9	4	6	3	2
7	1	5	2	6	9	4	8	3
4	2	8	5	7	3	9	6	1
9	3	6	4	1	8	2	7	5

2	1			5	6	3		
	8	9	4	2			7	
							1	
			5	9				
6		8		1		9		7
		1	2					8
				3		1		2
		3				8		6
9	4							

		1			9	5	6	
	7				6			
					4			
				2	1		7	
		3	4			9		
6		8						1
	5	7					9	
		4		9	3	1		7
	9			8		6		

3	8			4			7	
				7			3	8
		6	9	8		5	4	
4	5		6					9
6			4			2		
	2				9		6	5
8				5				
	9	7		6	2	8	5	
	3			9		1		

8				2				9
1								4
	9		3	1		5		6
	7		2					
						8	5	
	6	8				4	9	
6		9			1	7		
		3	6					5
7			4	8				

			8		3	4		
4	2				1	6		3
7	8		4		6	5	1	2
							4	
		2	1	5	4			7
5			9		7			
2		1				7	3	4
	3		7	1			6	
8		6			2		5	1

Light and Easy

					9		7	
	7		5				6	4
	3	9	6	1				
			1		4			
3	2					1		
	9	5		2	8			
	6			8				
		2	7			5		
								7

			5			6		4
	7		1					
	8			6		1	9	
6				5	1		2	
			2					7
	4	2	6			3		
	3		9	7	2			
						2	4	
	6		3					

	4	3		6			1	8
			3	1	5		2	
				9		4	5	
	8		6		7			
		2				9		
	3	1			8	5		
	7						4	6

			4		5		6	
						7		4
		9	6			5		8
7	5			8				9
		8	9			6		
						2		7
	9			3		4	2	6
6		3	7					5
		5	1				7	

				2		7	8	5
	8			9			3	
		3	8	6	7	1	9	
5	3			4		8	2	
6			7	3				9
7					9		6	1
	2	4		7	3	6		
		1	4		6		5	
8								

	6		7	8				
					4	3		8
							2	9
						1	4	5
	3							
2		1		5	6			
9		8	5	7		6		
	5							7
6	4				3		1	

8		3						
				5	7			
7	5			2		3	6	4
	6			4		1		
9		2	7					
1		7				9		
	7		9				3	6
6					3	5		
		8	4		5			9

		6			1	9		4
	4		2	7		6		3
9	8							7
4	7				2			
	5						4	6
6	2			9		8		
8						5	1	
				6				
3			5			4		

150 Light and Easy

4				3				
	6			2				3
5						8		
			7			6		
3	9		6			1		
			4	1			5	
						7		
	3	9		5			8	1
1	2			4				

	4			9	1			
		1	8		4	2		9
		9		6			3	
4		2	6				5	
					2	3		1
			3					
1			4			8		2
			1	8	3	6	7	
6				2	5	4		

					2			
4		1			7			9
	9							
				9	8			7
							3	1
2	8	7						
	3	2		1		6		
		8		2		9		
9	7		6				5	

			1			8		
		3				6		
2		5	4	3		9	1	
		4	7				8	5
8			9					
		1			3			2
	3	6			4			
7	5	2		9				
4				7			3	

154 Light and Easy

		9	7		2		8	3
6			3					
	3	1	9			7		4
		3		2				6
5			1	8	6			
8				7				
		8			7	9	2	
9							7	1
	4				1		3	8

		8		6	1			7
	3		7					8
7	6		8			9		1
					8	6		2
	7		1	9				
2				7	5			
		9				5		
	1			3	9	8	2	
	5					7		3

	5			2				
	9		8					
2	1	3	7	4				5
	2	6	9	8	4			
	4	9	3	1			8	2
							9	4
		1			8	3		7
								6
				5	3	4	1	

					4			
	1					4	8	
9	4		6	3			1	2
		5	4		1	9		3
			2		5			1
8		1	7			2		
1	5		8		9	6	2	
7		2	1				9	
	9			2	7		5	8

6		3	4	8			2	5
					2	8	6	7
8			7		6			
					1	3		4
		7	6	4				2
2	4		3		5	7		
	6		8	5				
5		4		2		6		
	8	9		6				3

7		8	4	6				
		5			8			2
			5			9		
8			2	4		5	3	
5	6				3			
	3				7	2		9
2	5	6			4	8		7
	9		1		5	4	2	
4			6		2		9	5

			8	7				
		9			3			
			2		4	9	5	
	5		1		8			
9		7					8	6
6								2
	8	1						5
					2	7	3	
5			9		1	4		

6		9		4				
		3	8			2		4
8		2	5		7			3
7			6			8		
9		1			3		5	
		8				6		
			7			1		5
	1			9				
								7

9					4			
2								
3	6		5			7		8
				5		3	1	
				3				2
		6	2	4			9	
	4					1		7
	5	3	7	8		2		4
8								

4	6						8	2
			6	4	5	1		
								5
		9		5				
8		6			1		9	
					8			3
1					3	7		6
		7	2					
			7	8		3	5	

	3			4				2
5				3			4	
		8	5			7		6
9	2	6					5	
				7				9
						8		
		3	4	2		1	9	
8				6	7			3
	9				5			

8		5	1	2		7		4
		2						
						3		
				1		9	3	5
					4			
6			8		9	1		
		8		3	2	4	1	6
	4			6	8			
3					1	8	9	

	7	8			5			
1	3			8	6		9	
		5	3	2	1	4		
		6			4	3		
			1	6	7		8	2
	1		9	3			4	6
6	5			1	2			
4		3		7	9			
	9		5			6		7

5					2		8	
				1				2
	2		5		9			
					8		3	
4		7	3				5	
6		5			7	2	4	8
	1	2		8			7	
3								
	5					6		

			5		2	4		
					3		5	
		6				8	9	
7				3	8			
	2		1	6				
4		1	2		5		6	9
5			8		4			
		3		1		5		
6								4

	3	1			7		4	
		7					9	
	8				4		3	
		8	5				7	
			7	9		1	6	
	5	9			6		8	
	6			8	2			
		5	6			8	1	
8		3						

			2		1	8		
		5	8	6			3	2
4						9		
				7				
	3	8	4			2		
9		7				5		
		6		8	4	1	2	9
1	7						5	8
			1				4	

		1	8			7		2
		2				9	5	
5		7		3		4		
3		9	1			8		
			6			1		3
				4				
6			7		2	3	4	5
	1							7
	7	5	9				8	

3		2	1	7				5
		6	2					
4		7	8		3	2		
	4		7		5			1
7				6				8
	1		3		8			
9						6		
		5	6					
								4

1		6			4			7
2							5	
8			6	5		9		
				9				
		8				2	1	
		5	1	2	8			9
		1		6				
3	9	7	8		1			
								3

		1	8				9	2
6	9				4			
8	7	2	1				6	
		5		1	8			7
7	1	8				6		
			6	7	5			
3				4		8		5
	4	7	9	8	1	2		
1				2			4	9

			9					
8				6	4	1		
7	9	6				2	5	
	5	7				6		3
	1							
3			6		8			2
			3	9				
5	6			4		9		
			2		1			6

	1			2		5	8	
					7			
		3	5		9	4		
	3	1	4					6
		7		1	5			
		2	3					
3			7			8		
						6	9	
	5		2					7

	4			1	8	5		
	1				7	3		
7	3			5			4	
	8	6						
						4	9	
			9	7				2
		4					5	9
			1	4	6			
2		1					3	

7	8		6					9
		5		7				
					9	6		2
			4		6	8		7
8			5					
6	4	1				5		
	5	4		6				
			9		4		3	
1				2			4	

1	6		8					5
5		4			6		9	
	2	9			7			
	5							
			7	3	9	1		
2		7		6				8
					8	2		4
9								
	3	5				6		

1	4			5	3	6		
				7				
	5	6				7		
8		9		6	1		2	
7			9					
					8		1	
				9				
	6	3		1		4	5	
	7	1		3			6	

			3				8	
2		9	6					
				5		4		
		2	7	6		8		4
	7		8				3	6
					5	1		
5	6							
					4	6	5	
7	9			8			2	

182 Light and Easy

	3	5						6
							8	
8						7		
		1		7	9			
	2			5	8	3		
	7		6			4		
9	1			8	5			2
			1			9	7	
5				4				

	1			7			6	
2		3			4			
7	6	9			3			5
6	5		3					
		1		9		6		
					7			
		5					9	
				1		2		6
	2		9			8		7

				6				
	2				3	1	8	
3	4		9					
			6				4	
6	7							2
					8	9	3	
	5		4				7	
			2	5		6		8
			8	9	1			

		5		9		8		3
		6		1		2		
						1		
					6			9
	7	4		2				
6	1						8	
		3						
		9		5		4	6	
	2				4	9		

186 Light and Easy

	2							5
6					1			
		7				3	8	
		1	9		4	8		
				3	7			4
			2		8			
					9	4		
	8				2	6		
9	5			1	3		7	

9				1			2	
		3			5	1		
	1	2		3	8			4
1	7			8		6		2
	2		4		6			
5			2			4		
7							1	
	6	8					4	3
				4	7	2		5

8					6			9
	7			3			1	
4	5			2				7
	1		2		4	6		5
	4			9				
3				1			8	
	9			6	7			
2		5	4			7		

	6		2				1	
	7	5				9		
			5					4
1						5	6	
					7		2	9
9				5	1			
		8			5			
			6			7	4	
	4			3		8		

		5	3	9				8
1	2				7			3
8				4		5		6
			7				6	9
				3	9	7		
7					8		3	
	6	3	1	7	4		5	
							1	4
		1	8	5				

	2	8		1				7
				4		9		2
				5		1	8	
	3							
7						5	1	3
			3		2	8		9
8	1			3	6	4		
2	4						6	
		5				3		8

Light and Easy

1			2			6		7
	2	8		1		5		
	6	5					2	
	3	7						6
		6				3		8
			3	9				
			9				1	4
		4	8	6				3
9			1	4	7		6	5

5	7	3	4	6	8			1
8			7				5	
6		2			9	7		4
	6	7					4	8
	5	8		3	7			2
		1		4	6			
1	2	9			4	8		6
3			6					
7		6				5	2	9

								4
	3	1				2		5
					8	3	7	
		9		1		5		7
		5		2	9			
		6					9	
	4	2	1	3			5	6
	5	8						3
	1		6					

5				9			2	
	6				4			
3			8	6	2	5	4	7
		6	1	7	5	9	8	
		5		2				
	7	1	9		6			
1	5		6	8		4		9
		4	5		3		7	
	8	3			9		6	5

					7		3	1
		7	5	1	2		4	
	1		9				2	
	5			7			6	
	3		4		9			
9			8			2		
1	9	4	7					6
							8	2
		6			4			

4	7	2	9	5	3	1	8	6
8	3	6	1	7	2	5	9	4
1	9	5	8	4	6	3	2	7
2	1	7	4	8	9	6	3	5
3	5	8	7	6	1	2	4	9
6	4	9	2	3	5	7	1	8
5	2	4	3	9	7	8	6	1
7	8	3	6	1	4	9	5	2
9	6	1	5	2	8	4	7	3

	3	5	4	7	9	2	8	1
	8			6		3		7
					1			5
					8		2	3
			1	9	2	4		6
	2	7		3		8		
	1	3			7		9	4
7			8		6	5		
	6					7		8

1			7				8	4
3	2	4	8	1		5	7	
	5	8		4	9	1		
	4	6				7	1	
				8		6	3	
5	3		2		1			8
		1		3		2		
	7		1		4			3
				7	8	4		

		7				9		5
	5		1	9	7	3	8	
9	3			2		1		7
		9	5	8	4	2	1	3
		8	3	7				9
			6					8
	8	5	2		6			
4			7			6		
7	6	2	9	5		8	3	

ANSWERS

1

8	5	3	4	1	9	2	7	6
6	1	2	5	7	3	4	9	8
4	7	9	2	6	8	5	3	1
9	2	4	1	3	6	7	8	5
3	8	1	9	5	7	6	4	2
5	6	7	8	2	4	9	1	3
7	4	5	6	8	1	3	2	9
2	3	8	7	9	5	1	6	4
1	9	6	3	4	2	8	5	7

2

1	3	5	7	8	4	2	6	9
8	6	9	2	5	3	1	4	7
4	2	7	9	1	6	5	8	3
6	7	4	5	3	8	9	1	2
5	9	2	1	4	7	8	3	6
3	1	8	6	9	2	4	7	5
2	5	6	4	7	1	3	9	8
9	8	1	3	6	5	7	2	4
7	4	3	8	2	9	6	5	1

3

3	6	2	9	7	4	8	1	5
8	1	9	3	2	5	7	4	6
7	5	4	6	8	1	3	9	2
1	9	5	2	4	8	6	7	3
6	7	3	5	1	9	2	8	4
4	2	8	7	3	6	9	5	1
2	8	6	4	5	7	1	3	9
5	3	1	8	9	2	4	6	7
9	4	7	1	6	3	5	2	8

4

4	7	6	2	1	8	3	5	9
8	2	3	5	6	9	4	7	1
9	1	5	4	3	7	6	2	8
2	9	7	1	8	3	5	4	6
6	4	8	7	5	2	1	9	3
3	5	1	9	4	6	7	8	2
5	3	9	6	2	4	8	1	7
7	6	4	8	9	1	2	3	5
1	8	2	3	7	5	9	6	4

5

2	3	1	9	7	6	4	5	8
5	4	6	2	8	1	3	9	7
8	7	9	5	3	4	6	2	1
4	5	3	1	2	7	9	8	6
6	9	2	3	5	8	7	1	4
7	1	8	6	4	9	2	3	5
3	2	7	8	6	5	1	4	9
1	8	4	7	9	3	5	6	2
9	6	5	4	1	2	8	7	3

6

3	2	7	4	9	1	6	5	8
6	9	8	3	2	5	7	4	1
1	5	4	6	7	8	9	2	3
5	7	3	8	4	9	2	1	6
9	1	6	7	5	2	8	3	4
8	4	2	1	6	3	5	9	7
4	8	5	2	3	7	1	6	9
7	3	9	5	1	6	4	8	2
2	6	1	9	8	4	3	7	5

7

4	7	3	5	6	1	2	9	8
2	5	9	4	8	7	6	3	1
8	1	6	2	3	9	4	5	7
5	4	7	3	9	6	1	8	2
6	3	1	8	5	2	9	7	4
9	2	8	1	7	4	5	6	3
3	9	2	6	1	8	7	4	5
7	8	4	9	2	5	3	1	6
1	6	5	7	4	3	8	2	9

8

4	1	5	2	7	8	3	6	9
9	8	7	3	6	4	5	1	2
6	3	2	5	1	9	7	8	4
8	5	6	1	9	2	4	7	3
7	9	3	8	4	6	1	2	5
2	4	1	7	5	3	8	9	6
1	7	9	4	2	5	6	3	8
3	6	4	9	8	1	2	5	7
5	2	8	6	3	7	9	4	1

9

5	1	2	8	3	6	7	9	4
6	8	9	4	2	7	3	1	5
7	4	3	5	1	9	2	6	8
8	3	7	6	4	2	9	5	1
4	2	6	1	9	5	8	7	3
1	9	5	3	7	8	4	2	6
3	7	4	2	6	1	5	8	9
2	6	8	9	5	4	1	3	7
9	5	1	7	8	3	6	4	2

10

3	7	5	8	4	6	2	1	9
6	8	2	9	1	7	5	4	3
9	4	1	3	5	2	8	6	7
2	3	8	7	6	1	4	9	5
4	9	7	5	3	8	1	2	6
1	5	6	2	9	4	3	7	8
8	6	9	1	2	3	7	5	4
5	1	3	4	7	9	6	8	2
7	2	4	6	8	5	9	3	1

11

9	7	4	5	1	2	6	3	8
3	8	6	4	7	9	1	5	2
5	1	2	8	6	3	4	7	9
8	9	7	2	5	4	3	1	6
1	4	3	9	8	6	5	2	7
2	6	5	7	3	1	9	8	4
7	3	8	6	9	5	2	4	1
6	2	1	3	4	7	8	9	5
4	5	9	1	2	8	7	6	3

12

5	2	4	6	3	1	7	9	8
1	7	8	9	5	4	6	3	2
3	6	9	7	8	2	4	5	1
9	5	6	2	4	8	3	1	7
7	8	1	5	6	3	9	2	4
2	4	3	1	7	9	8	6	5
6	1	2	8	9	7	5	4	3
4	9	7	3	2	5	1	8	6
8	3	5	4	1	6	2	7	9

13

2	9	7	1	6	5	3	4	8
6	1	3	8	7	4	5	9	2
8	5	4	3	2	9	7	1	6
1	4	6	5	8	7	2	3	9
5	7	2	4	9	3	6	8	1
9	3	8	6	1	2	4	5	7
7	2	5	9	3	8	1	6	4
4	6	9	2	5	1	8	7	3
3	8	1	7	4	6	9	2	5

14

4	6	7	5	9	2	3	1	8
8	2	5	7	1	3	6	4	9
1	3	9	8	6	4	5	2	7
9	8	3	2	5	6	4	7	1
7	5	4	9	3	1	2	8	6
2	1	6	4	8	7	9	3	5
3	7	8	6	2	9	1	5	4
6	4	1	3	7	5	8	9	2
5	9	2	1	4	8	7	6	3

15

1	4	9	6	8	3	5	7	2
2	8	3	1	5	7	6	4	9
6	7	5	4	9	2	3	8	1
9	6	2	5	1	8	4	3	7
4	1	8	7	3	9	2	5	6
5	3	7	2	4	6	1	9	8
3	2	4	9	7	1	8	6	5
8	9	6	3	2	5	7	1	4
7	5	1	8	6	4	9	2	3

16

4	8	2	9	6	1	3	7	5
1	9	7	8	3	5	6	2	4
3	6	5	7	4	2	8	9	1
2	5	6	3	8	9	4	1	7
9	7	3	1	2	4	5	6	8
8	1	4	6	5	7	2	3	9
6	3	1	5	9	8	7	4	2
5	4	9	2	7	6	1	8	3
7	2	8	4	1	3	9	5	6

17

6	2	8	4	7	3	1	9	5
5	3	7	1	8	9	6	2	4
9	1	4	5	2	6	8	3	7
7	8	5	3	6	2	4	1	9
3	4	6	9	1	7	2	5	8
2	9	1	8	5	4	3	7	6
8	6	2	7	3	5	9	4	1
1	7	9	2	4	8	5	6	3
4	5	3	6	9	1	7	8	2

18

6	3	2	9	7	4	8	1	5
1	8	7	3	5	2	9	6	4
5	4	9	8	1	6	3	2	7
4	7	3	2	9	8	6	5	1
9	2	1	5	6	3	4	7	8
8	6	5	7	4	1	2	9	3
7	1	8	4	2	9	5	3	6
3	9	6	1	8	5	7	4	2
2	5	4	6	3	7	1	8	9

19

8	6	2	7	9	1	4	3	5
7	4	9	6	5	3	8	2	1
3	1	5	2	8	4	7	6	9
2	3	4	8	1	5	6	9	7
1	7	6	9	3	2	5	8	4
9	5	8	4	7	6	2	1	3
5	8	7	1	2	9	3	4	6
6	2	1	3	4	7	9	5	8
4	9	3	5	6	8	1	7	2

20

5	8	2	3	6	4	9	7	1
3	1	4	8	9	7	2	5	6
7	9	6	1	5	2	8	3	4
9	4	8	5	1	6	3	2	7
1	6	7	2	3	9	4	8	5
2	3	5	4	7	8	6	1	9
6	2	9	7	8	5	1	4	3
4	7	1	6	2	3	5	9	8
8	5	3	9	4	1	7	6	2

21

3	4	8	7	5	2	1	6	9
2	7	6	1	9	8	5	3	4
9	5	1	6	3	4	2	7	8
4	8	3	2	7	9	6	5	1
5	6	2	3	8	1	9	4	7
1	9	7	5	4	6	3	8	2
6	3	9	4	2	7	8	1	5
7	2	5	8	1	3	4	9	6
8	1	4	9	6	5	7	2	3

22

6	7	1	2	3	8	9	5	4
2	5	4	6	9	1	7	3	8
9	8	3	7	4	5	1	2	6
8	1	9	3	5	7	6	4	2
3	6	7	4	2	9	5	8	1
4	2	5	8	1	6	3	9	7
7	3	6	9	8	2	4	1	5
5	9	8	1	6	4	2	7	3
1	4	2	5	7	3	8	6	9

23

3	5	8	1	4	9	2	7	6
4	1	6	2	5	7	9	3	8
7	2	9	6	3	8	5	1	4
8	9	7	5	1	2	6	4	3
2	3	5	4	8	6	7	9	1
6	4	1	7	9	3	8	2	5
1	7	2	8	6	4	3	5	9
9	6	4	3	2	5	1	8	7
5	8	3	9	7	1	4	6	2

24

1	8	5	9	6	4	2	3	7
2	6	9	7	3	1	5	8	4
3	4	7	5	2	8	1	6	9
5	1	2	8	9	3	4	7	6
7	9	6	2	4	5	3	1	8
4	3	8	6	1	7	9	5	2
8	7	1	4	5	2	6	9	3
6	5	4	3	8	9	7	2	1
9	2	3	1	7	6	8	4	5

25

6	5	8	1	7	2	4	3	9
4	9	7	3	8	5	6	2	1
1	2	3	6	4	9	8	7	5
2	3	1	5	9	6	7	4	8
8	4	9	2	3	7	5	1	6
5	7	6	4	1	8	2	9	3
9	8	4	7	5	1	3	6	2
3	6	5	9	2	4	1	8	7
7	1	2	8	6	3	9	5	4

26

8	1	3	7	2	9	4	6	5
6	7	9	5	3	4	1	8	2
4	5	2	1	6	8	3	7	9
5	8	6	4	7	2	9	3	1
3	9	4	8	1	6	2	5	7
1	2	7	3	9	5	6	4	8
9	3	5	2	4	7	8	1	6
7	6	1	9	8	3	5	2	4
2	4	8	6	5	1	7	9	3

27

9	2	7	6	4	3	1	5	8
4	8	5	2	1	9	3	7	6
1	3	6	7	8	5	2	4	9
2	6	1	9	5	4	8	3	7
5	9	3	1	7	8	6	2	4
7	4	8	3	2	6	9	1	5
3	5	2	8	6	7	4	9	1
6	1	4	5	9	2	7	8	3
8	7	9	4	3	1	5	6	2

28

7	4	3	5	8	2	6	1	9
9	2	5	1	7	6	8	4	3
8	6	1	4	9	3	5	7	2
3	5	6	8	4	9	1	2	7
4	8	2	3	1	7	9	5	6
1	9	7	2	6	5	4	3	8
6	1	4	7	3	8	2	9	5
2	3	8	9	5	1	7	6	4
5	7	9	6	2	4	3	8	1

29

4	5	9	6	7	3	1	2	8
2	7	8	5	1	4	6	9	3
1	3	6	8	9	2	7	4	5
7	4	3	9	8	1	5	6	2
5	8	2	3	4	6	9	7	1
9	6	1	2	5	7	8	3	4
8	2	7	1	3	9	4	5	6
3	1	4	7	6	5	2	8	9
6	9	5	4	2	8	3	1	7

30

7	1	5	2	4	3	8	9	6
2	6	3	5	8	9	1	7	4
9	4	8	7	1	6	5	3	2
1	8	9	6	5	7	2	4	3
5	3	6	9	2	4	7	1	8
4	7	2	8	3	1	9	6	5
6	5	1	3	7	8	4	2	9
8	9	4	1	6	2	3	5	7
3	2	7	4	9	5	6	8	1

31

3	8	9	2	7	6	1	5	4
4	2	1	5	9	3	6	7	8
5	7	6	4	8	1	2	3	9
2	9	7	6	1	5	4	8	3
1	6	4	9	3	8	7	2	5
8	5	3	7	2	4	9	6	1
6	1	2	8	5	9	3	4	7
7	3	5	1	4	2	8	9	6
9	4	8	3	6	7	5	1	2

32

9	1	7	8	2	3	5	4	6
8	5	2	6	1	4	7	9	3
4	3	6	7	5	9	8	1	2
6	8	5	2	4	1	9	3	7
2	4	9	3	7	8	6	5	1
1	7	3	5	9	6	2	8	4
5	9	4	1	6	7	3	2	8
7	2	8	4	3	5	1	6	9
3	6	1	9	8	2	4	7	5

33

7	1	3	9	4	2	8	5	6
9	4	2	6	8	5	3	7	1
8	6	5	3	7	1	4	9	2
6	3	7	2	5	8	1	4	9
2	9	1	4	6	7	5	3	8
5	8	4	1	9	3	2	6	7
1	2	6	5	3	9	7	8	4
3	7	9	8	2	4	6	1	5
4	5	8	7	1	6	9	2	3

34

4	9	7	5	8	3	1	6	2
1	6	5	4	7	2	8	3	9
8	2	3	1	9	6	7	4	5
2	7	4	3	1	9	6	5	8
6	3	8	7	2	5	9	1	4
9	5	1	6	4	8	3	2	7
3	4	2	9	6	7	5	8	1
7	8	6	2	5	1	4	9	3
5	1	9	8	3	4	2	7	6

35

9	1	8	5	2	6	4	3	7
5	4	7	3	9	1	6	2	8
3	2	6	7	4	8	9	5	1
2	9	3	6	7	4	8	1	5
6	7	1	8	5	3	2	9	4
4	8	5	2	1	9	3	7	6
8	6	2	1	3	5	7	4	9
7	5	9	4	6	2	1	8	3
1	3	4	9	8	7	5	6	2

36

7	5	1	4	9	8	6	3	2
4	6	2	1	3	7	5	9	8
9	3	8	6	5	2	7	1	4
5	8	6	2	4	3	1	7	9
2	9	3	7	6	1	8	4	5
1	7	4	9	8	5	3	2	6
6	1	7	8	2	9	4	5	3
3	4	9	5	7	6	2	8	1
8	2	5	3	1	4	9	6	7

37

5	3	9	7	2	1	4	8	6
1	4	2	8	5	6	3	9	7
7	8	6	4	3	9	2	1	5
2	6	8	5	9	4	1	7	3
3	9	5	1	7	8	6	2	4
4	7	1	2	6	3	9	5	8
8	5	4	6	1	2	7	3	9
6	2	3	9	8	7	5	4	1
9	1	7	3	4	5	8	6	2

38

5	1	7	3	8	6	2	9	4
3	6	8	4	9	2	5	7	1
2	4	9	7	1	5	8	6	3
9	8	2	6	4	1	3	5	7
4	5	1	2	3	7	9	8	6
6	7	3	9	5	8	4	1	2
8	3	5	1	6	4	7	2	9
1	2	4	5	7	9	6	3	8
7	9	6	8	2	3	1	4	5

39

6	2	3	5	1	9	8	4	7
4	5	7	3	8	6	2	9	1
9	8	1	4	7	2	6	3	5
8	9	4	6	3	1	7	5	2
1	6	5	2	4	7	9	8	3
7	3	2	8	9	5	4	1	6
2	1	6	9	5	8	3	7	4
3	7	8	1	6	4	5	2	9
5	4	9	7	2	3	1	6	8

40

6	1	2	8	7	9	3	4	5
8	3	7	5	1	4	9	2	6
4	9	5	2	6	3	8	7	1
7	5	4	3	9	6	2	1	8
9	2	1	4	5	8	6	3	7
3	8	6	7	2	1	4	5	9
5	6	3	9	4	7	1	8	2
1	7	8	6	3	2	5	9	4
2	4	9	1	8	5	7	6	3

41

2	9	8	1	3	5	6	7	4
6	7	1	9	8	4	3	5	2
4	5	3	7	6	2	8	9	1
5	1	2	4	9	8	7	3	6
7	3	4	5	2	6	1	8	9
9	8	6	3	7	1	4	2	5
1	6	7	8	5	9	2	4	3
3	2	9	6	4	7	5	1	8
8	4	5	2	1	3	9	6	7

42

2	7	5	6	3	9	4	8	1
1	6	4	8	5	7	3	9	2
9	3	8	4	1	2	7	5	6
3	9	1	7	6	4	8	2	5
6	8	7	1	2	5	9	4	3
5	4	2	3	9	8	1	6	7
8	2	3	9	7	6	5	1	4
4	1	6	5	8	3	2	7	9
7	5	9	2	4	1	6	3	8

43

6	8	9	1	4	3	2	5	7
1	3	7	2	5	6	8	4	9
4	2	5	7	8	9	6	1	3
8	4	3	5	7	1	9	6	2
2	5	6	8	9	4	3	7	1
7	9	1	6	3	2	4	8	5
9	6	8	3	1	5	7	2	4
5	7	4	9	2	8	1	3	6
3	1	2	4	6	7	5	9	8

44

3	9	1	4	7	2	6	5	8
2	6	7	8	9	5	1	4	3
4	5	8	6	3	1	2	7	9
7	4	5	1	2	9	3	8	6
8	1	2	7	6	3	5	9	4
6	3	9	5	4	8	7	2	1
9	2	6	3	5	4	8	1	7
1	7	4	2	8	6	9	3	5
5	8	3	9	1	7	4	6	2

45

1	6	5	9	4	2	3	7	8
2	3	4	1	8	7	9	5	6
9	7	8	3	5	6	4	1	2
3	1	6	4	7	9	2	8	5
4	8	2	5	6	3	1	9	7
5	9	7	2	1	8	6	3	4
8	4	3	7	2	1	5	6	9
7	2	9	6	3	5	8	4	1
6	5	1	8	9	4	7	2	3

46

6	3	8	4	5	1	2	9	7
1	9	2	7	8	6	3	5	4
7	4	5	2	3	9	1	8	6
9	8	4	6	7	2	5	3	1
5	1	7	3	4	8	9	6	2
2	6	3	9	1	5	4	7	8
3	2	1	5	6	7	8	4	9
8	5	6	1	9	4	7	2	3
4	7	9	8	2	3	6	1	5

47

5	8	2	4	9	1	7	3	6
3	1	7	8	2	6	4	5	9
9	6	4	7	5	3	8	1	2
7	2	1	6	8	5	3	9	4
8	9	3	2	1	4	5	6	7
4	5	6	9	3	7	1	2	8
2	3	8	1	7	9	6	4	5
1	4	9	5	6	8	2	7	3
6	7	5	3	4	2	9	8	1

48

3	6	7	5	4	2	1	9	8
2	8	5	9	6	1	7	3	4
9	4	1	7	3	8	2	6	5
1	3	6	2	7	4	8	5	9
7	9	8	1	5	6	3	4	2
4	5	2	8	9	3	6	7	1
6	1	3	4	8	5	9	2	7
5	2	9	3	1	7	4	8	6
8	7	4	6	2	9	5	1	3

49

5	2	6	7	8	4	3	1	9
7	4	9	1	3	6	8	5	2
8	1	3	9	2	5	6	7	4
9	8	4	5	1	3	2	6	7
2	3	5	8	6	7	9	4	1
1	6	7	2	4	9	5	3	8
6	7	2	3	9	1	4	8	5
3	9	1	4	5	8	7	2	6
4	5	8	6	7	2	1	9	3

50

4	2	3	6	1	5	7	9	8
8	9	5	7	2	4	3	6	1
7	6	1	3	8	9	4	5	2
2	8	4	9	5	1	6	7	3
1	5	6	4	7	3	8	2	9
3	7	9	2	6	8	1	4	5
9	1	8	5	4	6	2	3	7
6	3	7	1	9	2	5	8	4
5	4	2	8	3	7	9	1	6

51

3	8	2	1	6	5	9	4	7
7	5	1	4	9	2	3	8	6
4	9	6	8	7	3	2	1	5
9	7	8	6	5	4	1	3	2
1	2	4	7	3	9	5	6	8
5	6	3	2	1	8	7	9	4
2	3	9	5	8	6	4	7	1
8	1	5	9	4	7	6	2	3
6	4	7	3	2	1	8	5	9

52

7	4	1	9	3	2	6	8	5
9	5	8	7	4	6	1	2	3
3	6	2	5	1	8	7	9	4
2	7	9	3	5	1	8	4	6
5	1	6	2	8	4	3	7	9
8	3	4	6	9	7	5	1	2
6	8	3	1	2	9	4	5	7
4	2	5	8	7	3	9	6	1
1	9	7	4	6	5	2	3	8

53

5	8	7	1	9	2	3	4	6
2	9	4	3	6	7	5	1	8
6	3	1	5	8	4	2	9	7
3	2	5	6	4	1	8	7	9
8	7	6	9	2	5	1	3	4
4	1	9	8	7	3	6	2	5
7	6	2	4	3	8	9	5	1
1	4	8	2	5	9	7	6	3
9	5	3	7	1	6	4	8	2

54

5	8	7	3	4	2	9	6	1
9	2	3	5	6	1	7	4	8
6	4	1	7	9	8	5	2	3
1	6	8	2	5	9	4	3	7
2	3	5	8	7	4	6	1	9
7	9	4	6	1	3	2	8	5
3	7	9	1	2	6	8	5	4
8	5	6	4	3	7	1	9	2
4	1	2	9	8	5	3	7	6

55

5	4	6	7	2	8	1	9	3
3	2	9	5	6	1	4	8	7
7	8	1	4	9	3	5	2	6
8	9	5	6	4	7	3	1	2
2	1	3	8	5	9	6	7	4
4	6	7	3	1	2	8	5	9
1	7	4	2	8	6	9	3	5
6	3	8	9	7	5	2	4	1
9	5	2	1	3	4	7	6	8

56

5	1	2	4	6	3	8	7	9
3	4	9	8	5	7	2	6	1
7	6	8	1	9	2	3	5	4
4	5	1	3	7	9	6	8	2
6	9	7	2	8	5	1	4	3
2	8	3	6	4	1	7	9	5
8	2	6	9	3	4	5	1	7
9	3	5	7	1	6	4	2	8
1	7	4	5	2	8	9	3	6

57

8	3	1	7	6	4	2	5	9
9	6	4	2	5	3	1	8	7
7	5	2	9	8	1	6	4	3
6	7	5	3	2	9	4	1	8
3	1	9	6	4	8	5	7	2
2	4	8	5	1	7	9	3	6
5	9	3	1	7	2	8	6	4
4	2	6	8	3	5	7	9	1
1	8	7	4	9	6	3	2	5

58

2	7	1	9	5	6	8	4	3
5	3	9	1	4	8	7	6	2
4	6	8	3	7	2	5	9	1
7	4	5	2	3	1	6	8	9
1	8	6	4	9	7	2	3	5
9	2	3	8	6	5	1	7	4
6	5	4	7	1	9	3	2	8
8	9	7	5	2	3	4	1	6
3	1	2	6	8	4	9	5	7

59

2	1	4	7	8	5	6	3	9
6	7	3	9	2	1	5	4	8
9	8	5	6	3	4	7	1	2
4	2	7	8	1	3	9	6	5
1	5	8	4	6	9	2	7	3
3	9	6	5	7	2	1	8	4
7	6	9	3	5	8	4	2	1
5	3	1	2	4	7	8	9	6
8	4	2	1	9	6	3	5	7

60

9	7	8	1	4	5	2	3	6
3	5	1	6	9	2	8	4	7
6	4	2	8	3	7	9	1	5
7	1	6	2	5	9	4	8	3
5	2	4	7	8	3	1	6	9
8	3	9	4	6	1	7	5	2
1	6	5	9	7	4	3	2	8
2	8	7	3	1	6	5	9	4
4	9	3	5	2	8	6	7	1

61

1	9	2	5	3	8	7	6	4
8	4	7	1	6	9	3	5	2
6	3	5	2	7	4	8	1	9
2	6	3	4	8	1	9	7	5
5	7	8	3	9	2	6	4	1
4	1	9	7	5	6	2	8	3
9	8	1	6	4	3	5	2	7
7	2	6	9	1	5	4	3	8
3	5	4	8	2	7	1	9	6

62

1	3	8	6	4	9	2	7	5
5	2	9	1	3	7	4	6	8
6	7	4	5	8	2	3	1	9
7	9	5	3	2	4	1	8	6
4	8	6	9	1	5	7	2	3
2	1	3	7	6	8	9	5	4
3	6	2	8	9	1	5	4	7
8	5	1	4	7	3	6	9	2
9	4	7	2	5	6	8	3	1

63

5	1	8	3	9	2	4	6	7
4	9	3	7	5	6	8	2	1
6	2	7	1	8	4	9	5	3
9	7	5	2	3	1	6	4	8
3	8	6	5	4	9	1	7	2
2	4	1	8	6	7	3	9	5
1	5	9	4	7	3	2	8	6
8	3	4	6	2	5	7	1	9
7	6	2	9	1	8	5	3	4

64

2	6	8	3	1	5	7	9	4
4	5	3	2	7	9	8	1	6
9	7	1	6	8	4	3	5	2
5	4	6	7	3	1	2	8	9
8	1	2	4	9	6	5	7	3
3	9	7	5	2	8	6	4	1
7	3	5	1	4	2	9	6	8
6	8	4	9	5	3	1	2	7
1	2	9	8	6	7	4	3	5

65

3	5	9	1	8	2	6	4	7
7	2	1	4	3	6	9	5	8
4	8	6	7	9	5	2	1	3
5	3	8	2	7	9	1	6	4
1	6	2	3	5	4	7	8	9
9	7	4	8	6	1	5	3	2
6	9	3	5	2	8	4	7	1
2	1	7	6	4	3	8	9	5
8	4	5	9	1	7	3	2	6

66

7	5	3	4	9	2	6	8	1
8	1	9	5	6	7	4	3	2
2	4	6	3	1	8	5	9	7
1	6	8	9	7	3	2	5	4
4	2	7	8	5	1	3	6	9
3	9	5	2	4	6	1	7	8
9	8	2	6	3	4	7	1	5
5	3	1	7	2	9	8	4	6
6	7	4	1	8	5	9	2	3

67

1	3	4	7	5	2	8	6	9
6	8	5	3	4	9	2	1	7
7	2	9	8	1	6	5	3	4
2	1	8	6	9	5	7	4	3
3	5	6	4	2	7	1	9	8
9	4	7	1	3	8	6	2	5
4	7	3	2	8	1	9	5	6
5	6	1	9	7	3	4	8	2
8	9	2	5	6	4	3	7	1

68

1	3	6	9	5	4	7	8	2
5	8	9	7	3	2	4	1	6
2	7	4	1	8	6	9	3	5
9	6	3	5	1	7	8	2	4
4	5	2	3	6	8	1	7	9
7	1	8	4	2	9	5	6	3
6	2	1	8	9	5	3	4	7
8	4	5	2	7	3	6	9	1
3	9	7	6	4	1	2	5	8

69

4	9	6	1	5	3	7	2	8
5	3	8	4	2	7	6	1	9
7	2	1	6	9	8	5	4	3
2	1	3	7	8	5	4	9	6
8	6	7	9	3	4	2	5	1
9	4	5	2	6	1	8	3	7
3	7	4	5	1	6	9	8	2
1	5	2	8	7	9	3	6	4
6	8	9	3	4	2	1	7	5

70

2	6	9	7	5	1	4	3	8
7	5	4	3	8	9	1	6	2
8	1	3	6	2	4	5	9	7
9	7	5	4	6	2	8	1	3
1	2	6	8	9	3	7	5	4
4	3	8	1	7	5	6	2	9
3	8	7	9	1	6	2	4	5
6	9	2	5	4	7	3	8	1
5	4	1	2	3	8	9	7	6

71

4	2	6	9	3	7	5	8	1
7	1	8	2	6	5	9	3	4
9	5	3	4	8	1	7	2	6
6	3	5	8	1	2	4	9	7
8	4	9	5	7	3	1	6	2
2	7	1	6	4	9	3	5	8
1	9	7	3	2	6	8	4	5
3	8	2	7	5	4	6	1	9
5	6	4	1	9	8	2	7	3

72

2	4	1	5	7	3	6	9	8
7	5	8	6	2	9	1	3	4
9	3	6	4	8	1	2	5	7
6	9	7	1	5	8	3	4	2
3	8	5	2	4	7	9	6	1
1	2	4	3	9	6	7	8	5
5	6	2	9	1	4	8	7	3
4	7	3	8	6	2	5	1	9
8	1	9	7	3	5	4	2	6

73

4	8	7	1	9	5	3	2	6
6	1	3	2	8	4	7	5	9
2	9	5	7	3	6	1	8	4
5	3	1	4	2	9	8	6	7
9	7	4	5	6	8	2	3	1
8	6	2	3	1	7	9	4	5
3	2	9	6	4	1	5	7	8
7	4	8	9	5	3	6	1	2
1	5	6	8	7	2	4	9	3

74

5	6	2	4	9	7	8	1	3
1	8	9	5	3	6	2	4	7
3	4	7	1	8	2	5	6	9
6	3	1	2	5	9	4	7	8
9	2	4	8	7	3	6	5	1
7	5	8	6	4	1	9	3	2
4	1	5	7	2	8	3	9	6
8	7	3	9	6	5	1	2	4
2	9	6	3	1	4	7	8	5

75

4	8	7	5	9	3	6	2	1
5	3	2	7	1	6	9	4	8
9	1	6	2	8	4	7	5	3
8	9	3	4	2	5	1	6	7
6	5	1	3	7	9	4	8	2
7	2	4	1	6	8	5	3	9
3	4	9	8	5	1	2	7	6
1	7	5	6	3	2	8	9	4
2	6	8	9	4	7	3	1	5

76

9	7	8	3	5	2	1	4	6
4	5	6	1	8	7	2	9	3
2	1	3	9	4	6	7	5	8
8	6	7	4	2	3	5	1	9
1	4	9	6	7	5	8	3	2
3	2	5	8	1	9	4	6	7
6	8	2	5	3	4	9	7	1
5	3	1	7	9	8	6	2	4
7	9	4	2	6	1	3	8	5

77

5	1	3	9	2	8	7	6	4
8	7	6	1	4	3	2	5	9
2	4	9	7	6	5	1	8	3
6	5	8	3	7	9	4	1	2
4	3	7	5	1	2	8	9	6
9	2	1	6	8	4	5	3	7
1	8	4	2	3	6	9	7	5
3	9	2	8	5	7	6	4	1
7	6	5	4	9	1	3	2	8

78

3	5	7	8	9	2	1	4	6
6	9	1	7	4	3	2	5	8
8	2	4	1	6	5	9	7	3
5	4	3	6	1	8	7	2	9
7	6	8	5	2	9	3	1	4
2	1	9	4	3	7	8	6	5
9	7	5	2	8	4	6	3	1
4	3	6	9	7	1	5	8	2
1	8	2	3	5	6	4	9	7

79

3	8	2	4	6	9	5	1	7
1	5	6	7	2	8	4	3	9
4	7	9	1	3	5	6	2	8
5	2	1	8	9	7	3	4	6
7	6	3	5	4	2	8	9	1
8	9	4	6	1	3	7	5	2
2	4	7	3	8	1	9	6	5
9	3	5	2	7	6	1	8	4
6	1	8	9	5	4	2	7	3

80

9	5	1	4	3	6	8	2	7
6	8	7	2	5	1	4	9	3
3	2	4	8	7	9	1	6	5
4	3	6	9	2	5	7	8	1
2	7	9	1	8	3	5	4	6
8	1	5	6	4	7	9	3	2
7	9	8	3	1	2	6	5	4
1	6	3	5	9	4	2	7	8
5	4	2	7	6	8	3	1	9

81

8	1	3	7	6	2	9	5	4
6	7	2	9	5	4	8	1	3
9	4	5	1	3	8	2	6	7
3	8	6	2	7	5	4	9	1
4	5	1	6	9	3	7	2	8
7	2	9	8	4	1	5	3	6
2	3	8	4	1	9	6	7	5
5	9	7	3	8	6	1	4	2
1	6	4	5	2	7	3	8	9

82

9	7	3	4	1	2	6	8	5
5	4	2	3	6	8	1	9	7
8	6	1	9	5	7	4	2	3
1	8	7	2	4	6	3	5	9
3	2	5	8	9	1	7	4	6
6	9	4	7	3	5	2	1	8
7	3	9	5	2	4	8	6	1
4	1	8	6	7	9	5	3	2
2	5	6	1	8	3	9	7	4

83

4	1	6	2	9	8	3	5	7
9	5	8	7	4	3	2	6	1
3	7	2	5	6	1	4	9	8
6	4	1	9	7	2	5	8	3
8	9	7	6	3	5	1	2	4
5	2	3	8	1	4	9	7	6
7	6	4	3	5	9	8	1	2
2	3	9	1	8	7	6	4	5
1	8	5	4	2	6	7	3	9

84

6	3	8	4	1	5	7	9	2
7	4	1	2	3	9	8	5	6
5	2	9	8	7	6	4	1	3
3	7	4	5	6	8	9	2	1
9	1	5	7	2	3	6	8	4
8	6	2	9	4	1	5	3	7
1	9	7	3	5	4	2	6	8
4	8	3	6	9	2	1	7	5
2	5	6	1	8	7	3	4	9

85

2	6	1	7	8	4	9	3	5
8	4	3	1	9	5	6	7	2
5	7	9	2	3	6	4	1	8
9	5	8	4	1	7	2	6	3
3	1	6	5	2	8	7	9	4
7	2	4	9	6	3	5	8	1
1	3	7	6	5	2	8	4	9
4	9	5	8	7	1	3	2	6
6	8	2	3	4	9	1	5	7

86

8	5	6	7	1	2	9	3	4
3	2	1	9	5	4	6	8	7
7	9	4	6	8	3	1	2	5
9	3	7	1	2	5	4	6	8
6	1	8	4	9	7	3	5	2
5	4	2	3	6	8	7	9	1
2	6	3	8	4	1	5	7	9
1	8	9	5	7	6	2	4	3
4	7	5	2	3	9	8	1	6

87

5	3	4	2	9	8	7	1	6
6	1	9	7	4	5	8	2	3
7	2	8	3	6	1	9	5	4
3	8	1	6	5	7	4	9	2
2	5	7	4	1	9	6	3	8
9	4	6	8	3	2	1	7	5
4	9	3	1	2	6	5	8	7
1	7	2	5	8	4	3	6	9
8	6	5	9	7	3	2	4	1

88

6	3	8	5	9	1	2	4	7
2	9	4	3	8	7	5	6	1
1	7	5	6	2	4	8	3	9
9	8	3	7	4	2	1	5	6
4	5	1	8	6	3	9	7	2
7	2	6	9	1	5	3	8	4
8	4	2	1	3	6	7	9	5
3	1	7	4	5	9	6	2	8
5	6	9	2	7	8	4	1	3

89

5	7	1	8	9	2	3	4	6
2	4	3	6	1	7	9	8	5
6	9	8	4	3	5	2	1	7
1	5	2	3	4	6	7	9	8
4	6	7	5	8	9	1	2	3
8	3	9	7	2	1	6	5	4
3	1	5	2	6	8	4	7	9
9	8	4	1	7	3	5	6	2
7	2	6	9	5	4	8	3	1

90

6	3	8	5	4	9	1	7	2
7	4	2	3	8	1	6	5	9
9	5	1	7	6	2	4	3	8
5	1	9	6	7	3	8	2	4
2	6	4	1	5	8	7	9	3
3	8	7	9	2	4	5	6	1
8	2	5	4	9	7	3	1	6
4	7	3	2	1	6	9	8	5
1	9	6	8	3	5	2	4	7

91

7	6	9	3	2	1	5	4	8
3	5	1	8	4	9	2	7	6
8	4	2	7	6	5	9	3	1
5	7	8	2	1	4	6	9	3
2	9	3	6	7	8	1	5	4
6	1	4	5	9	3	8	2	7
4	2	5	1	3	6	7	8	9
1	3	7	9	8	2	4	6	5
9	8	6	4	5	7	3	1	2

92

4	5	2	8	1	9	6	7	3
7	6	3	5	4	2	9	1	8
9	1	8	3	6	7	5	4	2
1	4	5	6	9	8	2	3	7
2	9	6	7	3	1	4	8	5
3	8	7	4	2	5	1	6	9
6	7	1	2	5	3	8	9	4
8	2	9	1	7	4	3	5	6
5	3	4	9	8	6	7	2	1

93

9	8	3	4	1	6	7	2	5
7	4	2	5	9	8	1	6	3
6	1	5	2	3	7	4	9	8
1	3	4	8	2	9	6	5	7
5	6	9	3	7	1	2	8	4
2	7	8	6	4	5	9	3	1
4	9	6	7	8	3	5	1	2
8	2	1	9	5	4	3	7	6
3	5	7	1	6	2	8	4	9

94

3	2	9	8	6	1	4	5	7
5	1	8	4	7	9	3	2	6
6	4	7	3	5	2	9	1	8
4	8	5	6	9	7	2	3	1
2	6	3	1	8	5	7	9	4
9	7	1	2	4	3	8	6	5
1	9	6	7	2	8	5	4	3
8	5	4	9	3	6	1	7	2
7	3	2	5	1	4	6	8	9

95

1	4	7	3	8	5	9	6	2
9	8	6	2	7	1	3	4	5
2	5	3	4	9	6	8	7	1
8	3	9	6	1	4	2	5	7
5	6	4	8	2	7	1	9	3
7	1	2	5	3	9	6	8	4
4	9	8	1	5	2	7	3	6
6	7	1	9	4	3	5	2	8
3	2	5	7	6	8	4	1	9

96

2	6	3	5	8	1	4	7	9
9	5	1	4	3	7	2	6	8
4	8	7	9	6	2	5	1	3
5	2	8	7	9	6	1	3	4
6	3	4	8	1	5	7	9	2
1	7	9	3	2	4	6	8	5
8	1	2	6	5	9	3	4	7
7	9	5	1	4	3	8	2	6
3	4	6	2	7	8	9	5	1

97

6	1	8	5	2	9	3	4	7
2	5	4	7	3	1	9	8	6
3	7	9	8	4	6	5	2	1
5	3	1	2	6	4	8	7	9
9	2	7	3	1	8	6	5	4
8	4	6	9	7	5	1	3	2
4	9	3	6	5	7	2	1	8
7	8	2	1	9	3	4	6	5
1	6	5	4	8	2	7	9	3

98

9	6	1	8	2	5	7	4	3
7	8	5	3	4	1	9	2	6
4	2	3	6	9	7	1	8	5
3	1	9	2	7	4	6	5	8
6	7	4	5	1	8	2	3	9
2	5	8	9	6	3	4	7	1
1	3	7	4	5	9	8	6	2
5	9	2	7	8	6	3	1	4
8	4	6	1	3	2	5	9	7

99

1	6	8	5	2	9	7	4	3
4	5	7	8	3	6	1	2	9
3	2	9	1	7	4	8	5	6
8	7	6	4	5	2	9	3	1
9	1	4	7	6	3	5	8	2
5	3	2	9	1	8	6	7	4
6	8	1	2	4	7	3	9	5
7	4	5	3	9	1	2	6	8
2	9	3	6	8	5	4	1	7

100

8	7	3	2	5	6	4	9	1
6	5	1	4	9	8	3	2	7
9	2	4	1	3	7	8	5	6
5	9	2	3	1	4	7	6	8
4	8	6	7	2	5	1	3	9
1	3	7	8	6	9	5	4	2
7	6	9	5	8	3	2	1	4
2	4	5	9	7	1	6	8	3
3	1	8	6	4	2	9	7	5

101

5	4	1	2	8	9	7	6	3
8	6	7	5	4	3	1	9	2
2	9	3	7	1	6	5	4	8
9	3	4	8	7	5	2	1	6
7	5	6	1	3	2	4	8	9
1	2	8	9	6	4	3	5	7
6	1	2	4	9	7	8	3	5
3	8	5	6	2	1	9	7	4
4	7	9	3	5	8	6	2	1

102

5	9	8	4	2	7	1	6	3
3	2	1	5	9	6	4	7	8
4	6	7	1	3	8	5	9	2
2	1	5	7	8	3	6	4	9
8	4	9	6	5	1	2	3	7
6	7	3	2	4	9	8	1	5
1	5	6	9	7	2	3	8	4
7	3	4	8	6	5	9	2	1
9	8	2	3	1	4	7	5	6

103

7	6	8	4	2	3	5	1	9
1	5	2	6	9	8	4	3	7
3	4	9	1	7	5	8	6	2
9	7	6	5	4	2	3	8	1
2	8	4	9	3	1	6	7	5
5	3	1	8	6	7	9	2	4
6	2	3	7	5	4	1	9	8
8	9	5	2	1	6	7	4	3
4	1	7	3	8	9	2	5	6

104

9	5	6	3	2	1	7	4	8
7	1	4	5	8	9	6	2	3
3	2	8	4	7	6	5	1	9
2	6	1	8	9	5	4	3	7
5	7	3	1	6	4	9	8	2
8	4	9	7	3	2	1	5	6
1	9	7	2	5	8	3	6	4
6	8	5	9	4	3	2	7	1
4	3	2	6	1	7	8	9	5

105

4	1	2	7	9	5	8	3	6
5	3	7	8	6	1	4	2	9
9	6	8	4	3	2	5	1	7
8	4	5	2	1	6	9	7	3
3	2	6	9	7	4	1	8	5
7	9	1	3	5	8	6	4	2
1	8	9	5	2	7	3	6	4
6	7	3	1	4	9	2	5	8
2	5	4	6	8	3	7	9	1

106

8	3	9	2	6	5	1	4	7
4	5	1	9	7	3	6	8	2
2	7	6	4	8	1	3	9	5
7	8	5	1	9	2	4	3	6
3	9	4	7	5	6	2	1	8
1	6	2	8	3	4	7	5	9
6	1	7	5	4	9	8	2	3
9	4	8	3	2	7	5	6	1
5	2	3	6	1	8	9	7	4

107

1	4	6	2	3	7	9	5	8
3	7	5	1	8	9	2	6	4
2	8	9	5	6	4	1	3	7
4	3	7	9	5	6	8	2	1
5	1	2	7	4	8	3	9	6
9	6	8	3	2	1	7	4	5
6	9	4	8	7	3	5	1	2
7	2	1	4	9	5	6	8	3
8	5	3	6	1	2	4	7	9

108

5	8	3	9	4	2	6	1	7
9	4	7	6	1	3	2	8	5
6	2	1	8	7	5	3	4	9
7	5	8	3	2	6	4	9	1
4	9	6	7	5	1	8	2	3
1	3	2	4	9	8	7	5	6
3	7	4	5	8	9	1	6	2
8	1	5	2	6	7	9	3	4
2	6	9	1	3	4	5	7	8

109

9	7	1	2	6	4	5	3	8
3	2	5	8	9	1	6	4	7
6	4	8	3	5	7	2	1	9
4	5	7	6	8	2	3	9	1
1	6	9	4	7	3	8	5	2
8	3	2	5	1	9	4	7	6
5	1	3	7	2	8	9	6	4
7	8	6	9	4	5	1	2	3
2	9	4	1	3	6	7	8	5

110

6	7	2	8	9	4	5	1	3
8	3	9	6	1	5	2	4	7
1	5	4	7	3	2	9	8	6
5	1	7	2	6	9	8	3	4
4	8	6	3	5	7	1	2	9
2	9	3	4	8	1	6	7	5
3	6	1	9	7	8	4	5	2
9	4	5	1	2	3	7	6	8
7	2	8	5	4	6	3	9	1

111

2	3	6	9	8	7	1	4	5
5	4	7	2	3	1	9	8	6
8	9	1	6	5	4	7	3	2
4	7	2	8	9	5	6	1	3
3	8	9	4	1	6	2	5	7
6	1	5	7	2	3	8	9	4
9	5	4	1	7	2	3	6	8
1	2	3	5	6	8	4	7	9
7	6	8	3	4	9	5	2	1

112

7	4	3	1	2	5	6	9	8
1	6	8	3	9	7	2	5	4
2	9	5	8	6	4	3	7	1
8	3	9	7	4	2	5	1	6
4	7	1	5	3	6	8	2	9
6	5	2	9	1	8	4	3	7
5	1	6	4	7	3	9	8	2
3	2	7	6	8	9	1	4	5
9	8	4	2	5	1	7	6	3

113

9	1	2	7	6	4	3	8	5
3	6	8	9	2	5	4	7	1
5	7	4	3	1	8	2	6	9
4	9	7	6	8	2	1	5	3
1	5	6	4	7	3	8	9	2
8	2	3	5	9	1	6	4	7
2	3	5	8	4	9	7	1	6
7	4	9	1	3	6	5	2	8
6	8	1	2	5	7	9	3	4

114

1	7	8	3	4	5	6	9	2
4	3	6	9	2	8	1	7	5
9	5	2	6	1	7	4	3	8
2	9	5	8	6	3	7	1	4
8	4	3	7	9	1	5	2	6
7	6	1	2	5	4	3	8	9
5	8	9	1	7	6	2	4	3
3	1	4	5	8	2	9	6	7
6	2	7	4	3	9	8	5	1

115

6	9	5	3	2	8	4	1	7
1	7	2	6	5	4	8	3	9
4	8	3	9	7	1	6	2	5
7	6	4	8	1	2	9	5	3
5	3	9	4	6	7	1	8	2
2	1	8	5	3	9	7	4	6
8	2	7	1	9	3	5	6	4
3	4	6	7	8	5	2	9	1
9	5	1	2	4	6	3	7	8

116

3	8	5	1	4	6	7	2	9
1	9	7	8	5	2	3	6	4
4	6	2	9	3	7	5	1	8
5	2	3	4	9	8	1	7	6
8	7	9	5	6	1	2	4	3
6	1	4	2	7	3	9	8	5
2	5	6	3	1	4	8	9	7
9	4	1	7	8	5	6	3	2
7	3	8	6	2	9	4	5	1

117

3	8	2	9	7	6	1	4	5
6	1	4	3	2	5	9	8	7
7	9	5	4	1	8	2	6	3
9	5	7	6	3	4	8	1	2
4	3	1	2	8	7	5	9	6
8	2	6	5	9	1	3	7	4
5	7	9	1	6	3	4	2	8
2	4	8	7	5	9	6	3	1
1	6	3	8	4	2	7	5	9

118

9	5	6	4	2	1	3	7	8
1	2	4	8	7	3	9	6	5
3	8	7	6	5	9	2	4	1
7	9	8	1	6	4	5	2	3
4	1	2	5	3	7	6	8	9
6	3	5	9	8	2	4	1	7
5	7	1	3	4	6	8	9	2
2	6	3	7	9	8	1	5	4
8	4	9	2	1	5	7	3	6

119

4	5	9	2	3	6	7	8	1
8	2	7	4	1	9	6	3	5
6	3	1	7	8	5	2	9	4
2	4	6	8	5	7	3	1	9
7	1	5	9	4	3	8	2	6
3	9	8	1	6	2	4	5	7
9	8	4	3	7	1	5	6	2
5	7	2	6	9	8	1	4	3
1	6	3	5	2	4	9	7	8

120

5	8	1	9	4	3	6	2	7
4	6	3	2	7	1	8	9	5
7	9	2	6	8	5	1	4	3
2	7	8	3	1	4	9	5	6
9	3	5	8	6	7	4	1	2
1	4	6	5	2	9	7	3	8
6	1	9	7	3	2	5	8	4
8	2	4	1	5	6	3	7	9
3	5	7	4	9	8	2	6	1

121

3	2	9	4	8	5	1	7	6
7	5	1	3	6	9	2	4	8
8	6	4	7	1	2	5	9	3
2	3	5	1	9	4	8	6	7
6	9	7	8	2	3	4	1	5
1	4	8	5	7	6	9	3	2
5	7	6	2	4	1	3	8	9
4	8	3	9	5	7	6	2	1
9	1	2	6	3	8	7	5	4

122

2	3	4	9	5	1	6	8	7
6	7	1	3	2	8	4	5	9
5	8	9	7	6	4	1	3	2
7	4	2	6	8	3	5	9	1
8	9	6	5	1	7	2	4	3
1	5	3	4	9	2	7	6	8
4	6	7	1	3	9	8	2	5
3	1	8	2	4	5	9	7	6
9	2	5	8	7	6	3	1	4

123

9	5	2	7	6	8	1	3	4
4	3	6	5	2	1	7	9	8
7	8	1	9	3	4	5	6	2
3	9	8	1	5	6	2	4	7
2	6	7	8	4	3	9	5	1
5	1	4	2	7	9	3	8	6
1	7	9	6	8	5	4	2	3
8	4	5	3	1	2	6	7	9
6	2	3	4	9	7	8	1	5

124

4	5	8	6	2	7	9	3	1
2	6	3	9	1	5	7	8	4
1	9	7	4	8	3	2	6	5
9	8	2	7	5	6	1	4	3
7	4	1	2	3	8	5	9	6
5	3	6	1	9	4	8	2	7
8	2	4	3	7	1	6	5	9
3	7	9	5	6	2	4	1	8
6	1	5	8	4	9	3	7	2

125

1	7	9	5	8	2	6	4	3
2	5	4	6	9	3	8	1	7
8	6	3	7	4	1	9	2	5
6	1	2	4	5	7	3	9	8
9	3	7	1	2	8	4	5	6
5	4	8	9	3	6	2	7	1
4	2	6	3	7	5	1	8	9
3	9	5	8	1	4	7	6	2
7	8	1	2	6	9	5	3	4

126

4	8	9	7	6	5	3	1	2
6	1	5	9	3	2	4	7	8
2	3	7	1	8	4	6	9	5
1	4	3	8	2	6	9	5	7
7	9	2	4	5	1	8	3	6
5	6	8	3	7	9	1	2	4
8	5	4	2	9	3	7	6	1
9	2	1	6	4	7	5	8	3
3	7	6	5	1	8	2	4	9

127

6	3	7	1	4	9	2	5	8
1	8	2	5	6	3	9	4	7
9	4	5	8	7	2	1	6	3
3	1	8	4	2	5	7	9	6
2	5	6	9	8	7	3	1	4
4	7	9	6	3	1	5	8	2
5	6	3	7	9	8	4	2	1
8	2	1	3	5	4	6	7	9
7	9	4	2	1	6	8	3	5

128

4	3	1	6	2	5	7	9	8
5	7	6	9	3	8	1	4	2
9	8	2	7	1	4	5	6	3
7	1	8	2	6	9	4	3	5
6	5	9	8	4	3	2	7	1
3	2	4	5	7	1	6	8	9
2	9	3	4	5	7	8	1	6
8	6	7	1	9	2	3	5	4
1	4	5	3	8	6	9	2	7

129

8	1	3	9	4	5	6	7	2
6	5	7	1	2	8	4	3	9
9	2	4	6	3	7	1	5	8
5	3	6	8	1	9	2	4	7
1	7	8	2	5	4	3	9	6
4	9	2	7	6	3	5	8	1
3	8	1	5	7	6	9	2	4
2	4	9	3	8	1	7	6	5
7	6	5	4	9	2	8	1	3

130

8	2	7	3	1	5	4	6	9
3	6	9	7	4	8	5	2	1
1	4	5	9	6	2	8	7	3
2	9	3	5	7	1	6	8	4
5	1	6	8	3	4	7	9	2
7	8	4	6	2	9	3	1	5
9	7	2	4	5	6	1	3	8
4	3	8	1	9	7	2	5	6
6	5	1	2	8	3	9	4	7

131

6	2	1	3	4	5	7	8	9
7	5	4	6	8	9	2	3	1
8	9	3	1	7	2	4	6	5
5	3	8	4	9	6	1	2	7
1	6	7	2	5	3	8	9	4
2	4	9	7	1	8	3	5	6
4	8	6	9	3	1	5	7	2
9	7	5	8	2	4	6	1	3
3	1	2	5	6	7	9	4	8

132

3	2	1	4	5	6	9	7	8
4	9	7	8	2	3	6	5	1
8	6	5	1	7	9	4	2	3
1	7	4	5	3	8	2	9	6
9	8	3	6	4	2	5	1	7
6	5	2	9	1	7	8	3	4
2	1	8	7	9	4	3	6	5
7	4	9	3	6	5	1	8	2
5	3	6	2	8	1	7	4	9

133

5	8	7	3	4	6	9	2	1
2	6	4	9	1	8	5	7	3
9	3	1	5	7	2	4	6	8
8	5	2	6	3	4	1	9	7
6	4	9	1	2	7	8	3	5
7	1	3	8	5	9	2	4	6
4	2	5	7	6	1	3	8	9
3	9	6	4	8	5	7	1	2
1	7	8	2	9	3	6	5	4

134

6	4	9	2	5	3	8	1	7
1	7	8	4	6	9	2	3	5
5	2	3	7	1	8	4	9	6
8	9	6	5	2	7	3	4	1
2	1	7	9	3	4	5	6	8
4	3	5	6	8	1	7	2	9
7	8	2	1	4	6	9	5	3
9	6	4	3	7	5	1	8	2
3	5	1	8	9	2	6	7	4

135

8	5	4	3	7	9	2	6	1
2	1	7	6	8	5	3	4	9
9	3	6	4	1	2	7	5	8
7	2	1	8	4	3	6	9	5
4	6	9	5	2	7	1	8	3
5	8	3	9	6	1	4	2	7
6	9	5	1	3	4	8	7	2
3	7	8	2	5	6	9	1	4
1	4	2	7	9	8	5	3	6

136

8	7	4	9	5	1	3	2	6
2	6	1	3	8	7	5	9	4
3	5	9	6	4	2	8	1	7
6	9	2	7	3	5	1	4	8
1	4	3	8	2	6	7	5	9
5	8	7	1	9	4	6	3	2
7	1	5	2	6	9	4	8	3
4	2	8	5	7	3	9	6	1
9	3	6	4	1	8	2	7	5

137

2	1	7	9	5	6	3	8	4
3	8	9	4	2	1	6	7	5
5	6	4	8	7	3	2	1	9
7	3	2	5	9	8	4	6	1
6	5	8	3	1	4	9	2	7
4	9	1	2	6	7	5	3	8
8	7	5	6	3	9	1	4	2
1	2	3	7	4	5	8	9	6
9	4	6	1	8	2	7	5	3

138

2	8	1	7	3	9	5	6	4
4	7	9	8	5	6	2	1	3
5	3	6	2	1	4	7	8	9
9	4	5	3	2	1	8	7	6
7	1	3	4	6	8	9	5	2
6	2	8	9	7	5	4	3	1
1	5	7	6	4	2	3	9	8
8	6	4	5	9	3	1	2	7
3	9	2	1	8	7	6	4	5

139

3	8	1	5	4	6	9	7	2
9	4	5	2	7	1	6	3	8
2	7	6	9	8	3	5	4	1
4	5	8	6	2	7	3	1	9
6	1	9	4	3	5	2	8	7
7	2	3	8	1	9	4	6	5
8	6	2	1	5	4	7	9	3
1	9	7	3	6	2	8	5	4
5	3	4	7	9	8	1	2	6

140

8	4	6	7	2	5	3	1	9
1	3	5	8	6	9	2	7	4
2	9	7	3	1	4	5	8	6
9	7	4	2	5	8	6	3	1
3	1	2	9	4	6	8	5	7
5	6	8	1	7	3	4	9	2
6	2	9	5	3	1	7	4	8
4	8	3	6	9	7	1	2	5
7	5	1	4	8	2	9	6	3

141

6	1	5	8	2	3	4	7	9
4	2	9	5	7	1	6	8	3
7	8	3	4	9	6	5	1	2
1	9	7	2	6	8	3	4	5
3	6	2	1	5	4	8	9	7
5	4	8	9	3	7	1	2	6
2	5	1	6	8	9	7	3	4
9	3	4	7	1	5	2	6	8
8	7	6	3	4	2	9	5	1

142

2	5	6	8	4	9	3	7	1
8	7	1	5	3	2	9	6	4
4	3	9	6	1	7	8	5	2
6	8	7	1	5	4	2	9	3
3	2	4	9	7	6	1	8	5
1	9	5	3	2	8	7	4	6
7	6	3	2	8	5	4	1	9
9	4	2	7	6	1	5	3	8
5	1	8	4	9	3	6	2	7

143

1	2	9	5	8	3	6	7	4
4	7	6	1	2	9	8	3	5
3	8	5	4	6	7	1	9	2
6	9	3	7	5	1	4	2	8
5	1	8	2	3	4	9	6	7
7	4	2	6	9	8	3	5	1
8	3	4	9	7	2	5	1	6
9	5	7	8	1	6	2	4	3
2	6	1	3	4	5	7	8	9

144

5	4	3	2	6	9	7	1	8
2	1	6	7	8	4	3	9	5
7	9	8	3	1	5	6	2	4
3	6	7	8	9	2	4	5	1
1	8	4	6	5	7	2	3	9
9	2	5	4	3	1	8	6	7
4	5	2	1	7	6	9	8	3
6	3	1	9	4	8	5	7	2
8	7	9	5	2	3	1	4	6

145

8	3	1	4	7	5	9	6	2
5	6	2	8	9	3	7	1	4
4	7	9	6	1	2	5	3	8
7	5	6	2	8	1	3	4	9
3	2	8	9	4	7	6	5	1
9	1	4	3	5	6	2	8	7
1	9	7	5	3	8	4	2	6
6	8	3	7	2	4	1	9	5
2	4	5	1	6	9	8	7	3

146

1	9	6	3	2	4	7	8	5
4	8	7	1	9	5	2	3	6
2	5	3	8	6	7	1	9	4
5	3	9	6	4	1	8	2	7
6	1	2	7	3	8	5	4	9
7	4	8	2	5	9	3	6	1
9	2	4	5	7	3	6	1	8
3	7	1	4	8	6	9	5	2
8	6	5	9	1	2	4	7	3

147

3	6	2	7	8	9	4	5	1
5	7	9	1	2	4	3	6	8
8	1	4	3	6	5	7	2	9
7	9	6	2	3	8	1	4	5
4	3	5	9	1	7	2	8	6
2	8	1	4	5	6	9	7	3
9	2	8	5	7	1	6	3	4
1	5	3	6	4	2	8	9	7
6	4	7	8	9	3	5	1	2

148

8	1	3	6	9	4	2	7	5
4	2	6	3	5	7	8	9	1
7	5	9	8	2	1	3	6	4
3	6	5	2	4	9	1	8	7
9	4	2	7	1	8	6	5	3
1	8	7	5	3	6	9	4	2
5	7	1	9	8	2	4	3	6
6	9	4	1	7	3	5	2	8
2	3	8	4	6	5	7	1	9

149

7	3	6	8	5	1	9	2	4
5	4	1	2	7	9	6	8	3
9	8	2	3	4	6	1	5	7
4	7	8	6	1	2	3	9	5
1	5	9	7	8	3	2	4	6
6	2	3	4	9	5	8	7	1
8	6	4	9	3	7	5	1	2
2	9	5	1	6	4	7	3	8
3	1	7	5	2	8	4	6	9

150

4	7	2	5	3	8	9	1	6
9	6	8	1	2	4	5	7	3
5	1	3	9	7	6	8	2	4
2	4	1	7	9	5	6	3	8
3	9	5	6	8	2	1	4	7
7	8	6	4	1	3	2	5	9
8	5	4	3	6	1	7	9	2
6	3	9	2	5	7	4	8	1
1	2	7	8	4	9	3	6	5

151

3	4	6	2	9	1	5	8	7
5	7	1	8	3	4	2	6	9
8	2	9	5	6	7	1	3	4
4	3	2	6	1	9	7	5	8
9	6	8	7	5	2	3	4	1
7	1	5	3	4	8	9	2	6
1	5	3	4	7	6	8	9	2
2	9	4	1	8	3	6	7	5
6	8	7	9	2	5	4	1	3

152

8	5	3	9	4	2	7	1	6
4	2	1	3	6	7	5	8	9
7	9	6	8	5	1	3	2	4
3	1	5	4	9	8	2	6	7
6	4	9	2	7	5	8	3	1
2	8	7	1	3	6	4	9	5
5	3	2	7	1	9	6	4	8
1	6	8	5	2	4	9	7	3
9	7	4	6	8	3	1	5	2

153

6	4	9	1	2	7	8	5	3
1	7	3	5	8	9	6	2	4
2	8	5	4	3	6	9	1	7
3	9	4	7	6	2	1	8	5
8	2	7	9	5	1	3	4	6
5	6	1	8	4	3	7	9	2
9	3	6	2	1	4	5	7	8
7	5	2	3	9	8	4	6	1
4	1	8	6	7	5	2	3	9

154

4	5	9	7	6	2	1	8	3
6	8	7	3	1	4	5	9	2
2	3	1	9	5	8	7	6	4
1	7	3	4	2	9	8	5	6
5	9	2	1	8	6	3	4	7
8	6	4	5	7	3	2	1	9
3	1	6	8	4	7	9	2	5
9	2	8	6	3	5	4	7	1
7	4	5	2	9	1	6	3	8

155

5	2	8	9	6	1	4	3	7
9	3	1	7	5	4	2	6	8
7	6	4	8	2	3	9	5	1
1	9	5	3	4	8	6	7	2
4	7	6	1	9	2	3	8	5
2	8	3	6	7	5	1	4	9
3	4	9	2	8	7	5	1	6
6	1	7	5	3	9	8	2	4
8	5	2	4	1	6	7	9	3

156

8	5	4	1	2	6	7	3	9
6	9	7	8	3	5	2	4	1
2	1	3	7	4	9	8	6	5
1	2	6	9	8	4	5	7	3
5	4	9	3	1	7	6	8	2
7	3	8	5	6	2	1	9	4
4	6	1	2	9	8	3	5	7
3	8	5	4	7	1	9	2	6
9	7	2	6	5	3	4	1	8

157

5	2	8	9	1	4	7	3	6
3	1	6	5	7	2	4	8	9
9	4	7	6	3	8	5	1	2
2	7	5	4	8	1	9	6	3
4	3	9	2	6	5	8	7	1
8	6	1	7	9	3	2	4	5
1	5	3	8	4	9	6	2	7
7	8	2	1	5	6	3	9	4
6	9	4	3	2	7	1	5	8

158

6	7	3	4	8	9	1	2	5
4	9	1	5	3	2	8	6	7
8	2	5	7	1	6	4	3	9
9	5	6	2	7	1	3	8	4
1	3	7	6	4	8	5	9	2
2	4	8	3	9	5	7	1	6
3	6	2	8	5	7	9	4	1
5	1	4	9	2	3	6	7	8
7	8	9	1	6	4	2	5	3

159

7	2	8	4	6	9	1	5	3
9	1	5	7	3	8	6	4	2
6	4	3	5	2	1	9	7	8
8	7	9	2	4	6	5	3	1
5	6	2	9	1	3	7	8	4
1	3	4	8	5	7	2	6	9
2	5	6	3	9	4	8	1	7
3	9	7	1	8	5	4	2	6
4	8	1	6	7	2	3	9	5

160

1	4	5	8	7	9	6	2	3
7	2	9	6	5	3	8	1	4
8	6	3	2	1	4	9	5	7
2	5	4	1	6	8	3	7	9
9	3	7	4	2	5	1	8	6
6	1	8	3	9	7	5	4	2
3	8	1	7	4	6	2	9	5
4	9	6	5	8	2	7	3	1
5	7	2	9	3	1	4	6	8

161

6	7	9	3	4	2	5	1	8
1	5	3	8	6	9	2	7	4
8	4	2	5	1	7	9	6	3
7	3	5	6	2	1	8	4	9
9	6	1	4	8	3	7	5	2
4	2	8	9	7	5	6	3	1
2	8	4	7	3	6	1	9	5
5	1	7	2	9	4	3	8	6
3	9	6	1	5	8	4	2	7

162

9	8	5	1	7	4	6	2	3
2	7	4	6	3	8	9	5	1
3	6	1	5	9	2	7	4	8
4	9	2	8	5	7	3	1	6
5	1	8	9	6	3	4	7	2
7	3	6	2	4	1	8	9	5
6	4	9	3	2	5	1	8	7
1	5	3	7	8	9	2	6	4
8	2	7	4	1	6	5	3	9

163

4	6	5	1	3	7	9	8	2
9	2	8	6	4	5	1	3	7
7	1	3	8	2	9	4	6	5
3	7	9	4	5	2	6	1	8
8	5	6	3	7	1	2	9	4
2	4	1	9	6	8	5	7	3
1	8	4	5	9	3	7	2	6
5	3	7	2	1	6	8	4	9
6	9	2	7	8	4	3	5	1

164

6	3	9	7	4	1	5	8	2
5	7	2	8	3	6	9	4	1
1	4	8	5	9	2	7	3	6
9	2	6	1	8	4	3	5	7
4	8	5	6	7	3	2	1	9
3	1	7	2	5	9	8	6	4
7	6	3	4	2	8	1	9	5
8	5	1	9	6	7	4	2	3
2	9	4	3	1	5	6	7	8

165

8	9	5	1	2	3	7	6	4
4	3	2	6	9	7	5	8	1
1	6	7	4	8	5	3	2	9
7	8	4	2	1	6	9	3	5
2	1	9	3	5	4	6	7	8
6	5	3	8	7	9	1	4	2
5	7	8	9	3	2	4	1	6
9	4	1	7	6	8	2	5	3
3	2	6	5	4	1	8	9	7

166

2	7	8	4	9	5	1	6	3
1	3	4	7	8	6	2	9	5
9	6	5	3	2	1	4	7	8
7	8	6	2	5	4	3	1	9
3	4	9	1	6	7	5	8	2
5	1	2	9	3	8	7	4	6
6	5	7	8	1	2	9	3	4
4	2	3	6	7	9	8	5	1
8	9	1	5	4	3	6	2	7

167

5	4	9	7	6	2	1	8	3
7	6	3	8	1	4	5	9	2
1	2	8	5	3	9	4	6	7
2	9	1	4	5	8	7	3	6
4	8	7	3	2	6	9	5	1
6	3	5	1	9	7	2	4	8
9	1	2	6	8	5	3	7	4
3	7	6	9	4	1	8	2	5
8	5	4	2	7	3	6	1	9

168

1	3	8	5	9	2	4	7	6
9	7	4	6	8	3	1	5	2
2	5	6	7	4	1	8	9	3
7	6	9	4	3	8	2	1	5
3	2	5	1	6	9	7	4	8
4	8	1	2	7	5	3	6	9
5	9	7	8	2	4	6	3	1
8	4	3	9	1	6	5	2	7
6	1	2	3	5	7	9	8	4

169

5	3	1	9	6	7	2	4	8
4	2	7	8	3	1	5	9	6
9	8	6	2	5	4	7	3	1
6	1	8	5	2	3	4	7	9
3	4	2	7	9	8	1	6	5
7	5	9	4	1	6	3	8	2
1	6	4	3	8	2	9	5	7
2	7	5	6	4	9	8	1	3
8	9	3	1	7	5	6	2	4

170

6	9	3	2	4	1	8	7	5
7	1	5	8	6	9	4	3	2
4	8	2	5	3	7	9	6	1
2	4	1	9	7	5	6	8	3
5	3	8	4	1	6	2	9	7
9	6	7	3	2	8	5	1	4
3	5	6	7	8	4	1	2	9
1	7	4	6	9	2	3	5	8
8	2	9	1	5	3	7	4	6

171

9	4	1	8	5	6	7	3	2
8	3	2	4	7	1	9	5	6
5	6	7	2	3	9	4	1	8
3	5	9	1	2	7	8	6	4
7	8	4	6	9	5	1	2	3
1	2	6	3	4	8	5	7	9
6	9	8	7	1	2	3	4	5
2	1	3	5	8	4	6	9	7
4	7	5	9	6	3	2	8	1

172

3	8	2	1	7	6	9	4	5
1	5	6	2	4	9	8	7	3
4	9	7	8	5	3	2	1	6
6	4	8	7	9	5	3	2	1
7	2	3	4	6	1	5	9	8
5	1	9	3	2	8	4	6	7
9	3	4	5	1	7	6	8	2
2	7	5	6	8	4	1	3	9
8	6	1	9	3	2	7	5	4

173

1	5	6	9	8	4	3	2	7
2	4	9	7	1	3	8	5	6
8	7	3	6	5	2	9	4	1
7	1	2	5	9	6	4	3	8
9	6	8	4	3	7	2	1	5
4	3	5	1	2	8	6	7	9
5	2	1	3	6	9	7	8	4
3	9	7	8	4	1	5	6	2
6	8	4	2	7	5	1	9	3

174

4	5	1	8	6	7	3	9	2
6	9	3	2	5	4	1	7	8
8	7	2	1	3	9	5	6	4
9	6	5	3	1	8	4	2	7
7	1	8	4	9	2	6	5	3
2	3	4	6	7	5	9	8	1
3	2	9	7	4	6	8	1	5
5	4	7	9	8	1	2	3	6
1	8	6	5	2	3	7	4	9

175

4	3	1	9	2	5	7	6	8
8	2	5	7	6	4	1	3	9
7	9	6	1	8	3	2	5	4
2	5	7	4	1	9	6	8	3
6	1	8	5	3	2	4	9	7
3	4	9	6	7	8	5	1	2
1	7	2	3	9	6	8	4	5
5	6	3	8	4	7	9	2	1
9	8	4	2	5	1	3	7	6

176

7	1	9	6	2	4	5	8	3
4	8	5	1	3	7	2	6	9
2	6	3	5	8	9	4	7	1
8	3	1	4	7	2	9	5	6
6	4	7	9	1	5	3	2	8
5	9	2	3	6	8	7	1	4
3	2	6	7	9	1	8	4	5
1	7	4	8	5	3	6	9	2
9	5	8	2	4	6	1	3	7

177

6	4	9	3	1	8	5	2	7
5	1	2	4	9	7	3	8	6
7	3	8	6	5	2	9	4	1
9	8	6	2	3	4	7	1	5
1	2	7	8	6	5	4	9	3
4	5	3	9	7	1	8	6	2
8	6	4	7	2	3	1	5	9
3	9	5	1	4	6	2	7	8
2	7	1	5	8	9	6	3	4

178

7	8	2	6	4	1	3	5	9
9	6	5	2	7	3	4	8	1
4	1	3	8	5	9	6	7	2
5	2	9	4	3	6	8	1	7
8	3	7	5	1	2	9	6	4
6	4	1	7	9	8	5	2	3
3	5	4	1	6	7	2	9	8
2	7	6	9	8	4	1	3	5
1	9	8	3	2	5	7	4	6

179

1	6	3	8	9	4	7	2	5
5	7	4	3	2	6	8	9	1
8	2	9	5	1	7	4	6	3
3	5	1	4	8	2	9	7	6
6	4	8	7	3	9	1	5	2
2	9	7	1	6	5	3	4	8
7	1	6	9	5	8	2	3	4
9	8	2	6	4	3	5	1	7
4	3	5	2	7	1	6	8	9

180

1	4	7	2	5	3	6	9	8
3	9	8	1	7	6	2	4	5
2	5	6	4	8	9	7	3	1
8	3	9	7	6	1	5	2	4
7	1	4	9	2	5	3	8	6
6	2	5	3	4	8	9	1	7
5	8	2	6	9	4	1	7	3
9	6	3	8	1	7	4	5	2
4	7	1	5	3	2	8	6	9

181

6	4	5	3	1	7	2	8	9
2	3	9	6	4	8	7	1	5
8	1	7	2	5	9	4	6	3
3	5	2	7	6	1	8	9	4
4	7	1	8	9	2	5	3	6
9	8	6	4	3	5	1	7	2
5	6	8	1	2	3	9	4	7
1	2	3	9	7	4	6	5	8
7	9	4	5	8	6	3	2	1

182

7	3	5	8	9	4	1	2	6
1	9	6	2	3	7	5	8	4
8	4	2	5	1	6	7	9	3
4	5	1	3	7	9	2	6	8
6	2	9	4	5	8	3	1	7
3	7	8	6	2	1	4	5	9
9	1	3	7	8	5	6	4	2
2	8	4	1	6	3	9	7	5
5	6	7	9	4	2	8	3	1

183

5	1	4	2	7	9	3	6	8
2	8	3	6	5	4	7	1	9
7	6	9	1	8	3	4	2	5
6	5	8	3	4	1	9	7	2
3	7	1	5	9	2	6	8	4
4	9	2	8	6	7	5	3	1
8	4	5	7	2	6	1	9	3
9	3	7	4	1	8	2	5	6
1	2	6	9	3	5	8	4	7

184

5	8	7	1	6	4	3	2	9
9	2	6	5	7	3	1	8	4
3	4	1	9	8	2	7	6	5
2	9	3	6	1	5	8	4	7
6	7	8	3	4	9	5	1	2
4	1	5	7	2	8	9	3	6
8	5	9	4	3	6	2	7	1
1	3	4	2	5	7	6	9	8
7	6	2	8	9	1	4	5	3

185

1	4	5	6	9	2	8	7	3
8	3	6	4	1	7	2	9	5
2	9	7	5	3	8	1	4	6
3	5	8	1	4	6	7	2	9
9	7	4	8	2	3	6	5	1
6	1	2	9	7	5	3	8	4
4	6	3	2	8	9	5	1	7
7	8	9	3	5	1	4	6	2
5	2	1	7	6	4	9	3	8

186

3	2	8	7	9	6	1	4	5
6	4	5	3	8	1	9	2	7
1	9	7	4	2	5	3	8	6
5	7	1	9	6	4	8	3	2
8	6	2	1	3	7	5	9	4
4	3	9	2	5	8	7	6	1
2	1	6	8	7	9	4	5	3
7	8	3	5	4	2	6	1	9
9	5	4	6	1	3	2	7	8

187

9	5	7	6	1	4	3	2	8
4	8	3	9	2	5	1	7	6
6	1	2	7	3	8	9	5	4
1	7	4	5	8	3	6	9	2
8	2	9	4	7	6	5	3	1
5	3	6	2	9	1	4	8	7
7	4	5	3	6	2	8	1	9
2	6	8	1	5	9	7	4	3
3	9	1	8	4	7	2	6	5

188

8	3	1	7	4	6	5	2	9
6	7	2	5	3	9	4	1	8
4	5	9	1	2	8	3	6	7
9	1	8	2	7	4	6	3	5
5	4	6	8	9	3	2	7	1
3	2	7	6	1	5	9	8	4
1	9	4	3	6	7	8	5	2
2	6	5	4	8	1	7	9	3
7	8	3	9	5	2	1	4	6

189

4	6	9	2	7	8	3	1	5
3	7	5	4	1	6	9	8	2
2	8	1	5	9	3	6	7	4
1	3	7	9	2	4	5	6	8
8	5	4	3	6	7	1	2	9
9	2	6	8	5	1	4	3	7
6	1	8	7	4	5	2	9	3
5	9	3	6	8	2	7	4	1
7	4	2	1	3	9	8	5	6

190

4	7	5	3	9	6	1	2	8
1	2	6	5	8	7	9	4	3
8	3	9	2	4	1	5	7	6
3	1	8	7	2	5	4	6	9
6	5	2	4	3	9	7	8	1
7	9	4	6	1	8	2	3	5
9	6	3	1	7	4	8	5	2
5	8	7	9	6	2	3	1	4
2	4	1	8	5	3	6	9	7

191

4	2	8	9	1	3	6	5	7
1	5	7	6	4	8	9	3	2
3	9	6	2	5	7	1	8	4
9	3	4	5	8	1	2	7	6
7	8	2	4	6	9	5	1	3
5	6	1	3	7	2	8	4	9
8	1	9	7	3	6	4	2	5
2	4	3	8	9	5	7	6	1
6	7	5	1	2	4	3	9	8

192

1	4	9	2	5	3	6	8	7
7	2	8	4	1	6	5	3	9
3	6	5	9	7	8	4	2	1
2	3	7	5	8	4	1	9	6
4	9	6	7	2	1	3	5	8
8	5	1	6	3	9	7	4	2
6	7	2	3	9	5	8	1	4
5	1	4	8	6	2	9	7	3
9	8	3	1	4	7	2	6	5

193

5	7	3	4	6	8	2	9	1
8	9	4	7	2	1	6	5	3
6	1	2	3	5	9	7	8	4
9	6	7	2	1	5	3	4	8
4	5	8	9	3	7	1	6	2
2	3	1	8	4	6	9	7	5
1	2	9	5	7	4	8	3	6
3	8	5	6	9	2	4	1	7
7	4	6	1	8	3	5	2	9

194

2	6	7	3	5	1	9	8	4
8	3	1	7	9	4	2	6	5
5	9	4	2	6	8	3	7	1
3	2	9	8	1	6	5	4	7
1	7	5	4	2	9	6	3	8
4	8	6	5	7	3	1	9	2
9	4	2	1	3	7	8	5	6
6	5	8	9	4	2	7	1	3
7	1	3	6	8	5	4	2	9

195

5	4	7	3	9	1	6	2	8
2	6	8	7	5	4	3	9	1
3	1	9	8	6	2	5	4	7
4	2	6	1	7	5	9	8	3
9	3	5	4	2	8	7	1	6
8	7	1	9	3	6	2	5	4
1	5	2	6	8	7	4	3	9
6	9	4	5	1	3	8	7	2
7	8	3	2	4	9	1	6	5

196

2	4	9	6	8	7	5	3	1
3	8	7	5	1	2	6	4	9
6	1	5	9	4	3	7	2	8
4	5	8	2	7	1	9	6	3
7	3	2	4	6	9	8	1	5
9	6	1	8	3	5	2	7	4
1	9	4	7	2	8	3	5	6
5	7	3	1	9	6	4	8	2
8	2	6	3	5	4	1	9	7

197

4	7	2	9	5	3	1	8	6
8	3	6	1	7	2	5	9	4
1	9	5	8	4	6	3	2	7
2	1	7	4	8	9	6	3	5
3	5	8	7	6	1	2	4	9
6	4	9	2	3	5	7	1	8
5	2	4	3	9	7	8	6	1
7	8	3	6	1	4	9	5	2
9	6	1	5	2	8	4	7	3

198

6	3	5	4	7	9	2	8	1
9	8	1	2	6	5	3	4	7
2	7	4	3	8	1	9	6	5
4	9	6	7	5	8	1	2	3
3	5	8	1	9	2	4	7	6
1	2	7	6	3	4	8	5	9
8	1	3	5	2	7	6	9	4
7	4	9	8	1	6	5	3	2
5	6	2	9	4	3	7	1	8

199

1	6	9	7	5	2	3	8	4
3	2	4	8	1	6	5	7	9
7	5	8	3	4	9	1	2	6
8	4	6	5	9	3	7	1	2
9	1	2	4	8	7	6	3	5
5	3	7	2	6	1	9	4	8
4	8	1	9	3	5	2	6	7
6	7	5	1	2	4	8	9	3
2	9	3	6	7	8	4	5	1

200

8	1	7	4	6	3	9	2	5
2	5	4	1	9	7	3	8	6
9	3	6	8	2	5	1	4	7
6	7	9	5	8	4	2	1	3
1	4	8	3	7	2	5	6	9
5	2	3	6	1	9	4	7	8
3	8	5	2	4	6	7	9	1
4	9	1	7	3	8	6	5	2
7	6	2	9	5	1	8	3	4